高校生から
はじめる
投資のはなし

著：高橋昌也

JN110956

はじめに

　皆さんも「投資（とうし）」という言葉を見たり聞いたりしたことはあるでしょう。

・景気の悪化を受けて、企業の設備投資が低調だ。
・スマホが普及したことで、株式投資が簡単にできるようになった。
・自分への投資として新しい資格を身につけたい。

　投資という言葉はとても広い意味で使われています。

　　設備投資：会社が建物や機械を買うこと
　　人材投資：人を育てるために時間やお金を使うこと
　　株式投資：株式を買ってもうけを出そうとすること
　　自己投資：語学や資格など、何かの能力を獲得するために努力すること

　どれも投資ですが、実際の行動は大きく異なります。そして「投資」という言葉をまとめているような本や資料もありません。

　この本は、そんな色々な意味で使われている「投資」という言葉を、まとめて紹介します。特に中学生や高校生くらいの皆さんが、経済について勉強をしたり、これから社会に出ていくにあたって役立つように書きました。

　第一章では言葉の意味を確認します。例えば「リスク」という言葉ですが、皆さんは多分「危ないこと」という意味だと思っていませんか？実は他にも多様な考え方があることを確認していきます。

第二章では「商売に関する投資」を紹介します。仕事をする上で、投資とはどのように決断をされていくのか。その仕組みについて学んでいきます。

　第三章は「お金でお金を増やす」ような投資を紹介します。最近では、この意味で投資という言葉が使われることが本当に増えてきました。実際にこのような投資をする、しないは別として、知識としては知っておいた方が良いことが沢山あります。

　そして所々でコラムとして「自己投資」や「いまどんなことが問題になっているのか」について紹介していきます。これから皆さんが社会に出ていくに当たり、どんなことを勉強していけば良いのかの参考にしてみてください。

　本書を通じて、社会が誰かの決断した「投資」によってできていることを感じて頂ければ幸いです。

　それでは投資について学んでいきましょう！

目次

はじめに

第三章　金融投資について

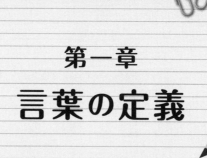

第一章
言葉の定義

1.「投資」ってなに？
お金だけじゃない！時間や能力も大切

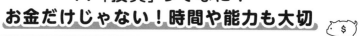

まずこの本で取り上げる「投資」という言葉について考えます。

　投資という言葉を検索すると、Wikipedia ではこんな紹介がされています。

「主に経済において、将来的に資本（生産能力）を増加させるために、現在の資本を投じる活動を指す。」

　すこし難しい表現なので、この本ではこんな考え方をしてみたいと思います。

・これから豊かな人生を送るために、いま自分が持っている「色々なもの」を使うこと

　具体的な例で考えてみましょう。

　例えば皆さんもお金は欲しいのではないかと思います（そうでない方でもこの本は役立つように書いていますのでご安心を！！）。でも皆さんはお金そのものが欲しいわけではないはずです。お金があれば欲しい物を買ったり、行きたい場所に行けるからです。

いま皆さんの手元に１００のお金があります。その１００を使って新しい知識を勉強すれば、毎年２０のお金がもらえるようになります。さて、皆さんは１００のお金を使いますか？

　１００を使っても５年間頑張れば、元の１００に戻ります。そして６年目からは元々払った１００を上回るお金を手にすることができます。そうやって毎年お金を手にしていくことで、自分の欲しい物を買い、行きたい場所に行けるようになります。

　いま手元にあるお金を使ってしまうのは、嫌かもしれません。しかし、お金のままにしておいても、お金が勝手に増えるわけではありません。であれば、ここはお金を使ってでも勉強をした方が良いのではないでしょうか？

　すごく単純な例ですが、世の中にあふれている投資という言葉は、こんな意味で使われています。そしてもう一つ大事なこと。上の例ではお金を例に出しましたが、いま自分が持っている「色々なもの」はお金だけとは限らない、ということです。

・時間…お金よりも限られていて、誰しもが平等に持っているものです。
　　　　何に時間を使うのか？これは本当に大切なことです。

・能力…やればできる！！！とは言いますが、やはり人間には限界があります。そして、向き不向きもあります。１００メートルを９秒台で走りながら、マラソンを２時間代で走ることは難しいでしょう。自分の得意なことをみつけ、それをどのように育てていくのか。とても大切な決断です。

　中学生や高校生の皆さんにとっては

・医者になりたいので、生物学の勉強を優先して頑張ろう
・将来プロサッカー選手になりたいので、毎日欠かさず練習をしよう

　ということも立派な投資活動と言えます。

２．「リスク」ってなに？
未来は誰にもわからない！！

次にリスクという言葉について考えてみます。
　先ほどの Wikipedia 記事ではこう続いています。

「どのような形態の投資も、不確実性（リスク）が伴う。」

"はじめに"でも書きましたが、皆さんは「リスク＝危険性」と思っていませんか？もちろんそういう意味でもよく使われていますし、間違いではありません。
　しかしリスクには上で書いたように、不確実性という意味もあります。この場合の不確実というのは

・良いことが起こるかもしれないし、悪いことが起こるかもしれない

　というどちらの意味でもあるのです。
　例えば、さっきの例で考えてみましょう。

　１００のお金を使えば毎年２０のお金を獲得できる知識を勉強することができます。
　しかし、その知識も絶対ではありません。ひょっとしたら新しい知識が出てきて、その知識にはなんの価値もなくなってしまうかもしれません。
　逆のこともありえます。その知識の人気が高まり、もっと多くのお金を獲得できるようになるかもしれません。

　これは言い換えると「未来予知能力はない」ということです。小説や漫画では最強の能力として扱われることも多い未来予知ですが、投資の世界でも同じことが言えます。

　逆に言えば、未来がわからないからこそ、皆が投資について悩んでいるのです。皆さんの周囲にいる大人も、皆が知っているような大企業も、あるいは国だって投資については常に悩んでいるのです。

「絶対に儲かる話があるんだ！！」と言われたときには注意しましょう。この世界において絶対は絶対にありません。

３．「統計」ってなに？
過去と現在から、未来を予想しよう！

　未来予知がない以上、世の中は常にリスクであふれています。そんな中で自分が何を選んで行けば良いのか？そこで最近、急速に注目を集めてきたのが「統計」です。

・これまでに起こったことをまとめて、分析し、多分こういうことだと　いう仮説を作る

こんな作業です。

　ここでは有名な「気温と売れ筋商品」の例を紹介します。気温の変化に伴って売れ筋商品というものは大きく変わっていきます。例えば気温が２５℃以上になるとアイスクリームが売れるようになります。ところが気温が３２℃以上になると、今度はかき氷が売れるようになるのです。

　もし今年の夏が猛暑になるという情報が出たら、かき氷を多く仕入れた方が良いことになります。逆に冷夏であればアイスクリームを多く仕入れた方が良いでしょう。

　未来予知はできませんが、過去の経験を活かして未来を予想することはできます。
特に最近ではＩＴ技術の進展に伴って、多くの情報や経験を集めて分析することができるようになりました。ビッグデータという言葉をきいたことはありますか？人間の手作業では扱いきれない量の情報でも、コンピュータを使えば簡単に処理をすることができます。

　ＳＮＳを通じた大量の投稿を通じて、ＳＮＳを運営する企業は「いまはこんなものが売れている」「みんなはこういうことが気になっているらしい」という情報を集めています。そうして集められた情報は、他の企業に売却されます。情報を買った企業は、それをもとに新商品を開発したりしています。

　実は皆さんのＳＮＳでの投稿は、企業の商品開発に転用されているのです。

＊＊＊

　また先ほどの例に戻ってみましょう。

「１００のお金を払って、ある知識を身につけた人の内、実際に毎年２０のお金を手にすることができるようになった人は、全体の７割くらいらしい」

　こういう情報があることで、なにもない状態よりも判断をしやすくなるのではないでしょうか。

　とはいっても、統計ですべてが分かるわけではありません。
　これまでの例がそうだからといって、これからもそうなるとは限りません。なぜなら世界は、リスク（不確実性）にあふれているからです。

　そして予想もしていない事態は起こります。安全だと思っていたことがひっくり返り、役に立たないと思っていたことが大切になる。歴史上、なんども起こってきたことです。

　さらに、統計をあえて無視し、前例のないことに挑戦する人こそが、世界的な偉業をなしとげています。本当にやってみたいことであれば、あえて統計から目を背けてみるのも良いかもしれません。

　どのような道を目指すにせよ、統計という学問の存在については、知っておいて損はありません。そのうえで、あえて統計に逆らうのも、また一つの選択肢です。

4. 「キャッシュフロー」ってなに？ 流れを生み出す「やりくり上手」をめざせ!!

　次にキャッシュフローという言葉です。

　日本語で言い換えると「現預金の流れ」という意味です。投資を考える上で、お金の出入りを考えることはとても大切です。

　また先ほどの例で考えてみます。

　元々皆さんの手元にあったお金は１００でした。そしてその１００を使えば、毎年２０のお金を獲得できる知識が獲得できます。

　しかし、ここで１００のお金を使えば一時的に手元のお金はゼロになってしまいます。もしその状態で何か不慮の事故が起こったら、どうなってしまうでしょう？それこそ明日の食事にすら困る事態になりかねません。

　それでは、お金の支払を分割にしてもらったらどうでしょうか？一回で１００のお金を支払うのではなく、毎年２５ずつ、５年間支払うことにしてもらいます。こうすることで

・あなたは手元にお金を残した状態で、知識の習得に励むことができる。
・相手は総額で１２５のお金を手にするので、一回でもらうよりも多くのお金が手に入る。

　というように、あなたにとっても、相手にとっても納得のいく取引をすることができます。　このようにお金のやりくりを工夫するのが、キャッシュフロー管理です。

いま持っているお金と、将来手に入るお金のバランスを考えて、やりくりをする。会社や国は、このような視点で投資をするかしないのかを考えて

います。

　皆さんの中には、奨学金制度を利用しようとしている人もいるでしょう。これも一つのキャッシュフロー管理です。学校に通うためのお金を借りて知識を習得し、その知識を活用してなにかの仕事をこなし、お金を獲得する。その後、奨学金を返済する。

　もちろん、学校で学ぶことは「将来お金にすること」だけが目的ではありません。お金にはなりにくくても、人生を豊かにしてくれる知識はたくさんあります。また、本書でも少しだけ触れますが、人工知能の進展により文学や哲学、宗教といったこれまで「お金になりにくい」とされていた学問が、経済の世界でも注目を集めています。

　キャッシュフローはとても大切な考え方です。お金の流れが正しく流れることで、実現可能になることは沢山あります。「夢や希望があれば、お金なんてなくったって！」というのは、理想的ではあるかもしれませんが、わたしとしてはオススメできる考え方ではありません。

　しかし、それだけで物事を決めてしまうと、それも極端な考えになってしまいます。「お金さえあればいいんでしょ？」という考え方で、人生を悪い方向に進めてしまった人も、数多く知っています。

　大切なことは、手元にあるお金を保つことに執着するのではなく、そのお金を上手に使って、どうやって正しい流れを創り上げるかです。
お金は、稼ぎ方よりも使い方が難しい。キャッシュフローについて学ぶと、こんなことを感じます。

5.「トレードオフ」ってなに？
選んだ道を楽しもう!!

次にトレードオフという言葉です。
日本語で言い換えると「取捨選択」という意味です。

何かを選ぶということは、別の何かを選ばないということです。これもまた先ほどの例で考えてみます。

手元にあるお金１００を使えば、毎年２０のお金を獲得できる知識を学べる。
しかしもう一つの知識を選べば毎年５０のお金を獲得できる知識を学べる。ただしこの知識は非常に不安定で、場合によっては１０程度のお金しか獲得できない可能性もある。

さて、皆さんでしたらどちらを選ぶでしょうか？手元にあるお金や時間には限りがありますので、両方を選択することはできません。このとき「選ばれなかった方の選択肢について、結果を知ることはできない」のがポイントです。

小説や漫画の世界では、多次元宇宙の話が良く出てきます。「あの時に選ばれなかった方の世界はどうなっているのか？」という疑問です。ちなみに、量子力学（りょうしりきがく）や超ひも理論という難しい学問では、「他の宇宙について」考えることになるそうです。

とはいえ、投資の考え方では、選ばれなかった選択肢は失われたものとして扱うしかありません。そして繰り返しになりますが、未来予知は不可能です。統計学をどれだけ駆使しても、キャッシュフローの検討を重ねても、「どちらを選ぶべきなのか」について絶対の正解を選ぶことはできません。

　人生は決断の連続です。この本を読んでいる皆さんの中には、次のようなことで悩んでいる人もいるでしょう。

・学校にいくべきか、それとも就職をするか
・学校にいくとして、どこの学校にいくのか
・学部はどうする？

　実は、大人もみんな悩んでいます。

・どこの会社に就職しよう
・転職した方がよいのか、それともいまの会社にのこるべきか
・この人と結婚をしてよいのかどうか

　会社だって同じです。
・新しい分野の仕事をはじめるか否か
・AさんとBさん、どちらを雇うべきか
・新工場の建設をするかどうか

　実は国でも同じです。
・経済を盛り上げるために法律を変えるべきか、それとも現状を維持すべきか
・これからの安全を考えて、どこの国と優先して仲良くしていくべきか

　悩んでいる人や組織は異なりますが、だれもがわからない未来に思い悩むことになります。全部を選ぶことはできず、どれかを捨てなければならない。これが投資でいうトレードオフの考え方です。

　一番無駄なのは、選ばなかった選択肢をいつまでも考えることです。しかし、どうしても人間は「たられば」を考えてしまいます。自分が選んだ

道を受け入れ、どうやって生きていくのかを考えよう。これがトレードオフの教えです。

　ここで一つ、アドバイスをしておきます。トレードオフで大切なのは、お金だけを物差しにするのではなく、時間、やりがい、楽しさなど総合的に判断することです。

・そこそこのお金が手に入り、時間にも余裕がありそうだ
・時間はすごく拘束されるが、やりがいのある仕事に関われそうだ
・時間も精神的にも我慢は必要だが、お金はたくさん儲けられそうだ
・この人といっしょにいれば、楽しいことができそうだ

　正直をいえば、お金はないよりあった方が良いです。しかし、キャッシュフローの項目でも触れましたが、お金がすべてではありません。またお金は手段であって、目的ではありません。「人生がよい感じになりそうか」「笑顔でいられそうか」など、総合的に決断することをオススメします。

６．「サンクコスト」ってなに？
スパッと切り替え！カビたお菓子に執着するな！

次にサンクコストという言葉です。
日本語では「埋没費用（まいぼつひよう）」といいます。

これもまた、事例で考えてみましょう。

　３年前、手元にあった１００のお金を使って知識を学んだ。その後３年間、予想していた通り毎年２０のお金を手にすることができた。
　ところが今年、突然新しい知識が出てきた。新知識の影響で、今のままでは今年の収入は、５くらいしかない見込みとなった。そしてこれからも収入はどんどん目減りしていくだろう。
　新知識の習得にはまたお金がかかるが、いままでの知識に見切りをつけて新知識の習得に励むべきなのか？

　…なんだか悲しいお話ですが、現実にはよく起こることです。知識や技術は陳腐化（ちんぷか）します。陳腐化とは「もう価値がなくなること」です。

　特にＩＴ技術の進展などにより、これまで価値があるとされていた多くの知識・技術が陳腐化しました。特にこれからの時代、人工知能の発展により、さらに多くの知識や技術が陳腐化するといわれています。

　さて、事例の最後は「新知識の習得に励むべきなのか？」と疑問形で終わりました。皆さんはどう思いますか？

３年前に身につけた知識はこれからどんどん役立たなくなっていきます。普通に考えれば新しい知識を身につけなければなりません。
　ところが、人間というのはそこまで理屈で行動できる生き物ではありません。

「せっかく３年前に有り金をはたいて勉強した知識が無駄になるなんて許せない！！」
「せめて元が取れるまでは捨てることはできない！！」

　という気持ちになってしまうのですね。上の例でいえば、１００のお金を支払った結果６０のお金は手に入れました。つまりあと４０のお金を手に入れなければ損をしたことになってしまいます。
　しかし、冷静になって考えてみればここから４０のお金を手に入れるのは厳しそうです。上手くいっても毎年５しか手に入らず、しかもこれから目減りしていくというのですから。

　この時の４０をサンクコスト（埋没費用）と呼びます。

　中学生や高校生の皆さんがどう感じているのか、随分と前に大人になってしまった私には想像できませんが…
　おそらく皆さんが考えているよりも、大人や会社というのは「子供っぽい存在」です。
　上の例ならば、４０のサンクコストはとっとと諦めて、新しい知識習得を目指した方が良いでしょう。ところが実際には

・これまでの努力が無駄になる
・ここで負けを認めたら見栄が張れなくなる

　こんなことを考えて、現状を受け入れることができないのです。

・我が社がいままで、この技術にどれだけお金と時間を使ったと思っているんだ！！負けを認めるわけには絶対にいかない！！

・５００万円で買った株式がいまでは５０万円の価値しかない。元の値段に戻るまでは何があっても売ることができない！！

・ここで失敗を認めたら、我が国の信用に関わる！！絶対に最後まで押し通せ！！

　こんなお話は沢山あります。冷静になってみれば、自分が意固地になっているのがわかりそうなものなのですが・・・

　恋愛でいえば「フラれた相手にいつまでこだわってもしかたがない」となります。世の中には素敵な方がたくさんいます。一つが駄目になったからといって、そこで人生が終わるわけではありません。次なる出会いを求めて動き出すのが、投資的には正しい選択といえるでしょう（と、ドライに考えられればどれほど楽なことか・・・）。

７．「ポートフォリオ」ってなに？
食事も投資もバランスが大切！

用語説明の最後は、ポートフォリオという言葉です。これは「自分の財産をどのようなバランスで保有するか」という意味です。例えば、次のように表現をします。

　　　Ａさんのポートフォリオは次の通りだ。
・現預金　　　　５００万円
・株　式　　　　２００万円
・債　券　　　　１５０万円
・不動産　　２，０００万円
・借入金　　１，５００万円（マイナスの財産）

　あとで金融投資のお話をしますが、自分の運用方針にしたがって、自分の財産をそれにふさわしい形に変えていくことが必要です。また、どれくらい借金をするのかも大切な情報です。

　日常的な生活資金をしっかりと残したいのであれば、現預金を多めに残しておくべきでしょう。一方、もし積極的に資産を増やしたいのであれば、株式や不動産といった投資に挑戦する必要がでてきます。うまくいけば資産は増えますが、失敗をすれば大きく資産を減らすことになります。ハイリスクハイリターンの考え方です。

　ポートフォリオとあわせて、分散投資という言葉も覚えておきましょう。投資の世界で有名な格言に「卵を一つのカゴに入れない」というものがあります。

いくつかの卵をもっていて、それを一つのカゴにまとめていれていた場合、

そのカゴを落としてしまうと、すべての卵が割れてしまいます。なので、卵を入れるカゴはいくつかに分けておいた方がよい、という意味です。

投資の世界で考える場合、すべての資産を株式に変えてしまうと、株式市場が大暴落をしたら全財産を失ってしまいます。そこで、株式とは異なる値動きをする資産をポートフォリオに組み込むことで、全体での調和をはかりながら投資をする、という考え方がでてきます。

分散投資の考え方はとても重要なのですが、注意も必要です。すべての分野にまんべんなく投資をする、ということは理想かもしれません。しかし、皆さんの手元にある持ち物には限りがあります。成果を出すためには、ある程度、特定のなにかに絞り込む必要もでてきます。

経営では「選択と集中」という格言もあります。なんにでも手を出すのではなく、自分の強みに注目し、そこにすべての財産（お金・時間・能力）をつぎ込むべきだ、という考え方です。

投資にかぎらず、なにごとにおいても大切なのはバランスです。ポートフォリオや分散投資という言葉も、そのバランスの中でとらえる必要があります。過剰に集めるのもダメで、過剰に広げすぎるのもダメ。ちょうどよいところを探す必要があります。

**第一章の
まとめ**

○投資とは、将来豊かな人生を送るために現在の持ち物
　（お金、時間、能力など）を使うことである。

○投資には必ずリスク（不確実性）が存在する。

○リスクに対処するため、統計学が注目されるようになってきた。

○実際の投資では、手元のお金と将来のお金を見渡す
　キャッシュフロー管理が大切だ。

○投資ではトレードオフ（取捨選択）が行われ、
　選ばれなかった方の選択肢は失われる。
　選択の際には、多様な評価軸から総合的に決断することが求められる。
　選ばれなかった選択肢について悩むのは、基本的には無駄である。

○失敗に終わった投資にかかったお金や時間（サンクコスト）は、
　本当ならさっさと諦めた方が良いのだが、
　実際には中々諦めることができない。
　最終的には、行動をしつづけることができた人が成果を出すことが多い。

○自分の考える投資の方針にしたがって、
　ポートフォリオ（持ち物の分配）を決める必要がある。
　「分散投資」と「選択と集中」について、
　適度なバランスを図ることが大切だ。

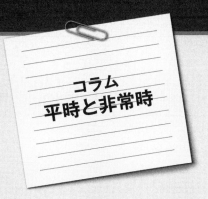

投資についてお話をすると、どうしてもお金に関する話題が中心になってしまいます。

　しかし投資とは決してお金に関するものだけではありません。そういう側面について別枠のコラムとしてご紹介していきます。

　どんなときにでも絶対に結果が出る投資というものはあるでしょうか？

　本書をしっかりと読んでくれていれば、そういう投資はないことがわかります。なぜなら投資とはどんなものでもリスク＝不確実性を含んでいるからです。

・自分はこれさえ勉強していれば大丈夫
・いまの会社（学校）に入れたから自分はもう安泰だ

　このような考え方は、投資という習慣が身についている人からすると、とても危ないものにみえます。人間はどうしても「自分が努力していることだけが重要である」と考えてしまいがちです。

　どうしようもない環境の変化の前では、それまでの努力なんて何の役にも立たないことがあります。

　２０１１年３月１１日の東日本大震災が起こった時に、私が体験したお話をご紹介します。

　大きな被害をもたらした大震災ですが、当日は首都圏の電車網も大混乱をしました。我が家の近所でも、帰宅困難者の方が大量発生しました。

私は地元でお仕事をしています。電車に乗って通勤するようなこともありません。ものすごく立派な事務所を営んでいるわけではありませんが、とりあえず家族を養っていけるくらいの稼ぎはどうにか確保しています。

　すぐ近くの学校に帰宅困難者の方が集まっているという話を聞き、私は家にあった果物やお菓子、毛布、湯沸かしなどを持ってとりあえず学校に向かいました。

　　コンビニには何一つ商品が残っておらず、多くの人が困り果てています。私は持ってきた荷物を配り、お湯を沸かして「お湯が欲しい方はいますか？」と声をかけました。
「お願いします。」というお返事があったのでそちらに行くと、そこには５０代くらいのスーツを着た男性が座り込んでいました。しばらく飲み食いもできず、３月の寒さもあって身体が冷えきっていたようです。

　　男性の身なりからすると、かなりの役職に就かれているような印象です。我が家の近所には大きな会社もいくつかありますので、おそらくそれなりの地位にいる方なのでしょう。普段は数多くの部下を付き従え、私などには想像もつかないような大きなお仕事もされているのだと思います。

　　その男性がいま、一杯のお湯を手に入れることですら苦労をしているわけです。

　　その瞬間のことですが、「立派な会社で立派な地位に就くこと」と「地元でのんびり仕事をする」でいえば、後者のほうが明らかに役立っていました。

　投資の成果は平時と非常時で入れ替わることもよくあります。そして平時というものはいつまで続くのかもわかりません。いざというときに役立つのは「最後まで歩ける」「食料を自分で調達できる」といったサバイバル

技術になるのかもしれません。

　皆さんも自分が努力していることが役立ちそうにもない環境を想像してみてください。そういう環境を想像することで、また新しい投資の必要性に気が付くかもしれません。

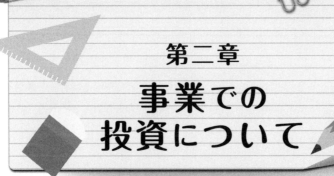

第二章
事業での投資について

1−1. 事業ってなに？
街も学校も、だれかの仕事でできている

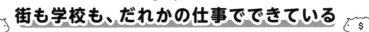

いよいよ、具体的な投資についてお話を進めていきます。

　この章では、皆さんのご家族が勤めている会社だったり、私のような小さなお仕事をしている商売人が行う投資について考えてみます。

　ここでまず「事業」という言葉について簡単に確認しておきます。この本では事業という言葉を

・建物を建てたり、機械を作ったり、食事を提供したり、
　マッサージをしたりすること

そんな意味で使っていきます。もっと簡単に言えば仕事、商売です。

　事業という言葉にはもう少し複雑なニュアンスが含まれていますが、この本を読むに当たってはこれくらいの理解で問題ありません。

　ただし、除外をしておくものがあります。この本の第三章では「金融」というものを勉強します。金融とは「お金を使ってお金を増やしていく行為」です。

　普通、事業には金融に関するものも含まれます。しかしこの本では金融

に関する事業は別のものとして取り扱います。

　金融のお話は第三章で具体的にしていきますので、それまで待ってください。

１－２．新規開業 好きなことを仕事にする？ それともお金を稼ぐ手段？

一番わかりやすい事例として、新規開業を考えてみましょう。新規開業とは「新しく商売を始めること」です。

　なぜ新しい商売を始めるのでしょうか？色々な理由があるでしょう。

・自分にしかできない仕事をやりたい！！
・社会的に意義のある仕事をしたい！！
・美味しい料理をお客さんに食べてもらって喜ぶ顔がみたい！！

　こういう最初の心を忘れないでいることは、どんな事業を展開する上でも大切なことです。初心忘れるべからず。昔の人は良いことを言っています。

ただし

・この仕事をしていれば、お金が儲けられそうだから

　というのも本音でしょう。どれだけ立派な理念を掲げて事業を始めても、ある程度のお金が回収できなければあっという間に潰れてしまいます。少なくとも、仕事を潰さず、日常生活を送ることができる程度にお金が獲得できそうだから始める、という見通しがなければ、新規開業をすることはできません。

　中にはなんの見通しもないまま開始した事業が大流行することもあります。歴史に名を残すような事業の多くは、そうやって産まれてきました。しかし、そういうことは滅多にないからこそ名を残しているのです。
　実際には多くの事業が「上手くいきそうかな」という見通しの立った時点で始めています。もちろん、見通しがあれば事業が上手くいくわけではありませんが（未来は予知不可能ですので）。

１－３．初期投資 どれくらいお金と時間をかける？ スマホ一台で始められるお仕事も

新規開業するには、考えなければならないことがあります。それは初期投資です。

　どんな事業でも、始めるにはそれなりに現在の持ち物を使わなければなりません。
　例えば飲食店を考えてみましょう。

・どんな料理を出すお店にするのか、献立やお店の雰囲気を考える（時間）。

・その内容にあったお店が出せる場所を探して、不動産巡りをする（時間）。

・お店の候補地をみつけて契約をする（お金）。

・借りたお店に内装工事をしなければ使えない（お金）（時間）。

・お店の中で使う様々な備品を調達する（お金）。

・一人で回せそうもないなら人を雇う必要がある（お金）。

・自分や雇用した人間がお店を回せるように、色々と勉強をする（時間）（能力）。

　ざっと考えただけでもこれだけのものが出てきます。宣伝広告なども含めれば、広い意味での初期投資はまだまだいくらでも出てくるでしょう。

　ここから先は、お金に的を絞ってお話を進めてみます。

　この初期投資ですが、業種によって傾向が随分と違います。２つの商売を比べてみましょう。

○商品（機械の部品）を作って売るお仕事

　仕事をするためには商品を作るための機械が必要。また機械はどこにでも置けるものではないので、工場を借りる必要がある。

　商品を作るためには材料が必要。そして出来上がった商品を保管するための倉庫もなければならない。出来上がった商品は運搬しなければならないので運送費もかかる。

○依頼を受けてＨＰを作る仕事

　仕事をするために必要なものはＰＣ一台。場所も自宅で十分。

　商品を作るために材料は不要。出来上がった商品は場所も取らず、運搬も不要。

どうでしょうか？２つのお仕事を比較すれば初期投資の規模は一目瞭然です。特に過去２０年ほどでＩＴ技術が発展したことにより、初期投資があまりいらないお仕事を始める人が増えました。

　一般的に建設業や製造業など、形のあるものを作るお仕事の方が初期投資は大きくなります。そして飲食業やサービス業は初期投資が少なく、ＩＴ関係ではゼロに近いようなこともあります。

　もちろん、ＩＴ関係でもある程度の規模になると、立派なコンピュータやセキュリティのための仕組みが必要になってきます。そうなってくると、かかるお金は飛躍的に跳ね上がっていきます。ただし事業を始めることについて言えば、かなりお手軽に始められることは間違いありません。

１－４．初期投資の大小はどんな影響がある？
小さくはじめて大きく育てる！

初期投資が大きい場合と小さい場合ではどんな違いが出てくるでしょうか？

　ここでも事例で考えてみましょう。

○飲食店を出そうと思っている。

　Ａの場所では初期投資が５００万円必要になる。人通りは少し少ない場所だが、周辺に競合店も少ないのでお客さんは見込めそうだ。

　Ｂの場所では初期投資が１，０００万円必要になる。駅から近い分高くなってしまう。人通りは多いが競合店も多い。

　どちらの場所にお店を出したとしても、料理の値段は変えないものとする。

　この条件だけだと、どうもＡプランの方が見通しは良さそうです。

　なにせ初期投資がＢの半分ですので、かなりお安く事業を開始することができます。

　安く事業を開始できるということは、次のようなことが考えられるということです。

・新規開業がしやすい

　手元にお金を５００万円用意するのと、１，０００万円用意するのとでは、苦労が全然違います。

・元が取れるまでの時間が短くて済む

　例えば１年当たり２５０万円の利益をあげられれば、Ａは２年で元が取れます。それに対してＢは４年かかってしまいます。

・場合によっては値引き販売なども考慮できる

　初期投資が少なくて済めば、料理の値段を引き下げることも可能です。同じ味の料理をより安い値段で販売することができれば、それだけお客さんを呼び込みやすくなります。

　もちろん上で考えたのは一つの事例です。実際にはＢプランの方が有利である可能性もあります。

・競合店が多いということはそれだけ見込み客が近隣に集まるのだから、集客の手間が少なくて済む。

・駅前にお店があるという立地の良さは、初期投資を１，０００万円払っても、まったく問題がないくらいメリットが大きい。

こういう見通しももちろん立つでしょう。

一番良いのは「立地が良くて初期投資も安くて済むプラン」を探すことです。でもそんな都合の良い案があるのでしょうか？

　ここで必要な考え方が、第一章で確認したキャッシュフローやトレードオフという考え方です。

・最初にどれくらいお金が必要か？

・お店をはじめたら、どれくらい売上があげられそうか？

　両者を比較して、どちらかに決める。そして選ばれなかったプランについては、いつまでもクヨクヨと悩まない。そうやってご近所の飲食店も開店をしたのです。

１－５．居抜き物件が流行する理由
手軽に開業 !!・・・だけど要注意

ところで皆さんは居抜き（いぬき）という言葉を知っていますか？居抜き
というのは

・閉店したお店や事務所の内装や備品が、そのまま残っている不動産

のことです。
　皆さんの周囲にも「外観や中の照明はそのままなんだけど、よくよくみ
たら前と違うお店だった」というところがありませんか？

　飲食店を始めるに当たって、最初に必要な内装工事はとても高いです。
ちょっとしたお店でも数百万、少し大きければ一千万を超えるような支出
は、珍しくありません。
　居抜き物件というのは、その最初の内装工事を大幅に削ることができま
す。前のお店が使っていたものを流用することで、初期投資を安く済ませ
ることができるのです。

　初期投資が安いということは

・開業までの資金が少なくて済む
・元手を回収するまでにかかる時間が短い
・商品の価格を値引きするなど、売り込みがやりやすくなる

　というように、事業展開の選択肢が大きくひろがってくるのです。

　もし興味があったら、一度「居抜き」で検索してみてください。とても
多くの情報が掲載されていることがすぐに分かります。

・・・と、これだけ読むととっても良いことのように思える居抜きですが。

・そもそもなんで前のお店は閉店するはめになったの？

　という点についてしっかりと考える必要があります。

　飲食店は料理の味や値段だけで繁盛できるものではありません。お店の立地や内装、周辺環境など多くの要素が関係してきます。

・そもそもお店をやるのに向いていない場所
・内装工事の趣味が悪い

　どれだけ初期投資が安く済んでも、お客さんがきてくれなければ、お店は続けられません。居抜きには居抜きなりに、気をつけなければならない点がいくつもあります。

　ちなみに我が家のご近所には、4回くらい居抜きのまま店が変わったところがあります。気が付くとお店の看板が変わっているので「また？」と思っていました。
数年前に入ったお店は、良い味の料理が手軽に食べられるということで、かなり評判になっています。4回も居抜きを繰り返していたら、もう内装工事の値段はとんでもなく安くなっていたのではないでしょうか？

　もちろんそれだけが要因ではないでしょうか、そのお店が繁盛店になった一つの理由は、初期投資を居抜きで済ませたことで、良い料理をお手頃な値段で提供していたことにありそうです。

　ちなみにその後、そのお店は内装のリフォームを行いました。事業が好調だったので、改めて手直しをしたのでしょう。「とりあえず事業を安くは

じめて、好調だったら追加投資をする」というのも、立派な投資判断です。

１－６．どんな事業でも最初はキツイものです
ローマは一日にして成らず!!

　新規事業を開始するために、必要な初期投資を安く済ませたい。これは本当に切実な課題です。それには、はっきりとした理由があります。

・どんな事業でも売れるようになるまでには時間がかかる

　業種を問わず、事業というものは結果が出せるようになるまで時間が必要です。例えば皆さんは自宅や学校の近くに新しいお店ができた時、どういう反応をしますか？

・誰よりも先に行ってみたい！！

　もちろんこういう人もいるでしょう。しかし中には

・しばらくは様子見かな…。

　という人も多いのではないでしょうか？

「一度行ってみて良かったんだけど、中々タイミングが合わなくて二回目がね〜」
「いや〜気にはなってるんだけど結局行ってないんだよね〜」
そんなお店が近くにありませんか？

　お客さんの立場からすると気楽なものですが、実際に飲食店をやっている側からすると、本当に困ります。

「良かったならまた来てくれ！！」
「気になってるなら頼むから来てくれ！！」

　お店をやっている人は多かれ少なかれ、そんなことを思っているものです。
　しかも最近では、ネット上に色々な評判がどんどん書かれるようになってきました。良い評価が蓄積されれば良いですが、中には悪評も立つでしょう。そういうことが少しずつ積み重なってきて、やっと安定的に売上をつくることができるようになるのです。

　初期投資が安く済めば、生活費をある程度手元に残して事業をはじめることだってできます。そうすれば、事業がうまく回るようになるまで、少し時間をかけることも可能です。もし初期投資で全財産を投じる必要があるとすれば、そんなにのんびりとはしていられないでしょう。

初期投資を安くして新規開業ができれば、事業としてそれだけ「生き残る可能性」を高めることができるのです。

　もちろん、これは規模が大きな企業でも同じことがいえます。初期投資が大きいほど、はやく成果が出てくれないと、会社の土台がくずれることにつながりかねないのです。

１－７．維持費用：始めただけではダメです
種を蒔いたら、お水も必要

　新規開業に関わる初期投資について考えてきました。もちろん事業にかかるのは、初期投資だけではありません。始めた事業を続けていくためには、維持費用もかかります。

　先ほどの飲食店で考えれば

・日常的な仕入
・従業員への給与
・店舗の家賃
・水道光熱費の支払い
・定期的な宣伝広告
・様々な税金

　他にも数々の費用が出てくるでしょう。

　事業を始めて、続けていくということは

・事業を始めるためにかかった初期投資と
・続けていくためにかかる維持費用を
・負担し続けることができるくらい売上をあげたうえで
・自分の生活費もしっかりと稼がなければならない

　こういうことです。なんだかとても大変そうではありませんか？いや、実際とても大変なのです。

　皆さんの周囲にも「随分と昔からあるよな～」というお店が１つや２つ

はあるのではないかと思います。実はそういうお店は、上で書いたような苦労を乗り越えたスゴイお店なのです。

1－8．維持費用の見直し
ムダをなくして商売繁盛！

維持費用については、定期的な見直しもおこなわれます。また飲食店で考えてみましょう。

・日常的な仕入
　品質を下げず、もう少し安く仕入れられる取引先を探す
・従業員への給与
　効率の悪い作業になっていないか検討をして、無駄な残業代をなくす
・店舗の家賃
　大家さんに対して、値下げ交渉をする
・水道光熱費の支払い
　電気料金プランを見直す
・定期的な宣伝広告
　広告の効果について検討し、無駄な広告はなくしていく
・様々な税金
　よい節税方法がないか、情報を収集する

＊＊＊

　維持費用が削減できれば、それだけキャッシュフローが改善されます。そうすれば、次のようなことが可能です。

・手元に多くお金が残せるので、生活が楽になる
・同じ品質の商品を、より安い値段で提供することで、お客さんに喜んでもらう

　小さなお店でも、有名な大企業でも、維持費用の見直しは必要不可欠です。

2−1．既存事業での投資
変わらなくては、生き残れない！

　前項までは新しく事業を始めるときのことを取り上げてきました。ここからは、今までにやってきた事業に対する投資について考えてみましょう。

　さて、皆さんは「同じ仕事を続けていられる時間」というのはどれくらいあると思いますか？この質問を少し言い換えると「いつまでこの商売でご飯が食べていけるか？」ということになります。

　例えば街の本屋さんを考えてみましょう。

私が子供の頃は本を買うには街の本屋さんに行くしかありませんでした。それが今から十数年前ころ、ネット書店が出始めて状況は大きく変わりました。わざわざ自分で買い物に行かなくても本が自宅に届くようになり、結果として街の本屋さんは多くが閉店することになりました。
そしてついに、紙としての本がその存在を問われるようになってきました。多くの漫画はアプリを通じて配信されていますし、新聞や雑誌ではなくニュースアプリで情報が配信される時代です。

　このお話は、別に本屋さんだけに関係するものではありません。「いままで通りのお仕事を続けていれば良い」という状態はあまり長く続かないのです。その傾向は技術の進展に伴って、どんどん目立ってきています。

　そうした状況を打開するため、事業をする人は、常に新しい方法を考えて投資をしていく必要があるのです。現在の事業でご飯が食べられている内に、新しい方法を考えて、その為に必要なものを準備していきます。

　皆さんもリストラという言葉は聞いたことがあると思います。正しくはリストラクチャリングといいます。日本語に直すと再構築です。
　リストラ＝社員を解雇する、というイメージが強いです。しかし本来の意味は、自分の会社でやっている事業が、元気を取り戻すように手を加えていこう、という意味なのです。

　すべての事業には賞味期限があります。いずれ来るその期限に対応するため、事業をしている人は常に再構築、つまり自分の事業に対する投資が必要なのです。

２－２．再構築の目的
収入が増えるか？支出が減るか？

再構築（リストラクチャリング）は、事業をつづけていくために大切なことです。お金で考えると、リストラは次のどちらかを目的として行われます。

○収入が増えるか？
　その投資を行うことで収入が増えるようなケースです。

・単価の向上
例：新しい機械を導入することで、これまでもよりも高い値段で売れる商品が作れる
　機械の導入費用よりも、増えるであろう売上が大きそうであれば投資の意味があります。

・販売数の増加
例：商品を売り込んでくれる人（営業担当）を増やして、販売を拡大させる
　営業担当を増やして、商品の売り込み先を増やします。支払うお給料は増えますが、それによって販売できる数がそれ以上に増えるなら、効果は期待できるでしょう。

○支出が減るか？
　その投資を行うことで支出が減るようなケースです。

・原価の減少
例：新しい機械を導入することで、これまでもよりも安い値段で商品が作

れる

　材料が節約できたり、商品を作るのにかかる人手の減少が期待できる
ケースです。機械の導入費より節約できる金額が大きければ、導入するこ
とになります。

・雇用の増加
例：これまで他所の会社に任せていた仕事を、人を雇って自社でやること
にする

　人を雇うと、支払う賃金が増えます。しかし、自社でできる仕事が増え
ることで、外の会社に支払う経費が減少することもあります。増える賃金
と減る経費を比較して、支出が減るのであれば、あたらしく人を雇用する
ほうが良いことになります。

＊＊＊

　ここで紹介をしたのは、極端に単純化させた話です。実際の投資判断は、
もっと複雑ですが・・・土台にあるのは収入や支出、つまりキャッシュフ
ローの改善です。

２－３．投資判断の基準：強みと投資、そして再構築
こだわることは、良いことなのか？

　前項ではキャッシュフローを投資の判断基準にしました。
　しかし事業の投資はそれだけで判断されるものではありません。特に既
存事業の場合、これまで自分たちがやってきたこととの関係がとても大切
です。

　ここでも例をあげてみましょう。

・当社はこれまで「国内の職人がすべて手作りをしたシャツ」を売ってきた。
　お客様からは信頼を得ていて、値段は高いが一定のファンがついている。

　こんな会社で次の２つの投資案が検討されることになりました。（本来
であれば現状維持が候補に入るべきですが、ここではナシとします）

Ａ）もう少し人を雇って生産量を増やせるようにする。
Ｂ）高いシャツを売るだけではこの先がない。
　　製造の一部について機械を使うなどして、もう少し値段の安いシャツ
を作る。

　皆さんならどちらの案を採用しますか？

　これまでの事業で育ててきた「強み」を活かすのであれば、Ａ案が妥当
でしょう。お客様は「職人さんが手作りをしている」ということに価値を
見出しています。機械製造で値段を下げるＢ案は、当社の事業における「強
み」を否定することになってしまいます。

　このように事業における投資では、単にキャッシュフローのことばかり
を考えるのではなく、自分たちがやってきた仕事とこれから行おうとして
いる投資の相性が良いかどうか？ということも問われてきます。
　その意味でも、自分たちの事業における「強み」を意識することはとて
も大切です。
お客様は私たちの仕事の何を評価してくれているのか？
　ここからずれた投資を行ってしまうと、いままで商品やサービスを買っ
てくれていたお客様が離れていってしまうことになります。

　ところが、それだけではお話が終わりません。場合によってはこれまで
の自社の強みを捨てる勇気が必要になることもあるからです。

先ほどの例に戻ってみましょう。私が皆さんの年齢くらいのとき、服というものはもう少し値段が高いものでした。それがここ２０年ほどかけて、驚くほど安い金額で買える服が、本当に増えました。

「職人の手作りだから高いのも仕方がない。」この価値観がいつまでも通用するとは限らないのです。Ａ案は伝統を守るという意味ではステキですが、ひょっとしたらＢ案の方が必要かもしれません。

　例えば、こんな案はどうでしょう？

・機械装置の導入により、もう少し安い値段でシャツを作れるようにする
・職人のチェック制度などを整えて、ブランド価値は守れるようにする
・低価格のシャツを入り口として、オーダーメイドの高価格帯シャツにお客さんを誘導できるような仕組みをつくる

　手作りにこだわっていた会社が機械装置を導入するのには、大きな抵抗が予想されます。その抵抗は社内にも、社外にもあるでしょう。それをどのように乗り越えるか、決断を要します。

自社の強みというのは、自社の動きを縛る制限・拘束になることもあります。前例主義ばかりでは新しいものは産まれません。
このバランス感覚が事業における投資では本当に重要です。

　大切なことは、お金や時間に余裕があるうちに、次の一手を打つことです。実際にお客さんが来なくなってから、あわてて再構築に乗り出しても遅いのです。

　近年でいえば、日本を代表する自動車企業が「当社は製造業からの脱却を目指す」と断言をしました。過去数十年にわたり好業績をあげ、現在も

高い評価を得ている企業が、その立場を
捨てる、と宣言したのです。

　それくらい、現代の事業は変化がはや
いです。生き残るためには、変わり続け
る必要がある。個人でも大企業でも、常
に再構築をすることが求められていま
す。

３－１.投資をするためのお金：どうやって用意する？
お金は空から降ってこない

　新規事業・既存事業での投資についてお話をしてきました。
　そして実際に投資を行う場合、問題になることがいくつもあります。そ
の内の一つが資金源です。

　新しく商売を始める、人を雇う、機械を購入する。
　そのどれをやるにもお金が必要です。そのためのお金をどこかから用意
しなければなりません。

　お金を用意する方法は次のように大別されます。

　　○自分で用意する
　　○誰かに出してもらう
　　　・出資を募る
　　　・融資を受ける

出資（しゅっし）や融資（ゆうし）という言葉も聞いたことがあるのではないでしょうか？しかし何が違うのか説明できる人は少ないでしょう。

　それぞれの方法について、確認していきましょう。

３−２．自分でお金を用意する
毎日コツコツ、貯めていきましょう

　資金を用意する一番簡単な方法は、自分で貯めることです。
　会社員として働いてお金を貯めて、貯まったお金で商売を始める。
　毎日の売上から少しずつお金を貯めて、ある程度貯まったら新しい機械を購入する。

　おそらく皆さんも何か欲しい物を買うために、貯金をしたことがあるのではないでしょうか？投資でも同じような方法が使えます。

　この方法の特徴を確認していきましょう。

○精神的には気楽
　自分で用意したお金ですので、とても気楽です。どうでも良いようでいて、実はとても大切なことです。少し想像をしてみてください。

「１００万円預けるから、これで商売をして増やしてきて！」

　こう言われて１００万円を手渡されたら、皆さんはどう思いますか？相手からの期待や結果がでるかどうかの不安で、夜も眠れなくなるかもしれません。
　どんな大企業の社長さんだって人間です。やっぱり気楽にお仕事をしたい、と思うのは人情ではないでしょうか？

○のんびりと結果を出せば良い

　宿題がなんで嫌かといえば、期限が区切られているからです。その点、自主的な勉強は誰に強制されるものでもありませんので、自分のペースで進められます。

　自分でお金を用意する投資というのは、自主勉強に近いです。結果が出るまで誰かから急かされることもありません。ですので、比較的ゆっくりと事業に取り組むことができます。

○失敗をすると取り返しがつかないことも

　自分のお金を使うということは、それだけ手元のお金を減らすことになります。

　自分でお金を用意して新しい機械を買った。機械購入に手元のお金はほとんど使ってしまった。しかしその機械で作った商品は、残念ながらあまり売れなかった。

　こうなってしまったら、もう取り返しがつきません。下手をすれば、明日の生活費すら困ることになりかねません。

○会社を大きくするのが難しい

　この方法は、手元にお金を貯めるまでに時間がかかります。どんなに夢の様なアイデアがあっても、お金がなければ実行に移すことができません。つまり、会社を大きく成長させていくことが難しいのです。

３－３．誰かに出してもらう　その１：出資を受ける
大成長の大本命！ただしストレスも大きめです

次に、誰かにお金を出してもらう方法を考えてみましょう。

まず「出資を受ける」という方法について考えてみます。出資という言葉を言い換えると

・事業に使うお金を出してもらう

ということになります。

皆さんも株式会社という言葉はよくご存知でしょう。株式とは出資のことです。

また例を考えてみます。

私が何か商売をしたいとします。しかし私の手元にはお金がありません。そこで私は友人のＡさんに「商売に使うお金を出してくれ！！」と頼みます。そしてＡさんは実際にお金を出してくれました。そのお金を使って「株式会社ひらめき」を設立しました。

このような時、私とＡさんはそれぞれ次のように呼ばれることになります。

Ａさん　＝　株主（出資者）：事業に使うお金を出した人

私　　　＝　経営者：出してもらったお金を使って事業を行う人

Ａさんはどうして私にお金を出してくれたのでしょうか？それは、もし私が始めた事業が成功すると、Ａさんにも良いことが起こるからです。Ａさんのメリットについては、第三章で詳しく確認していきます。

　出資を受ける方法の特徴は以下の通りです。

○お金を集めるまでの時間が短い

　お金を出してくれる人さえみつかれば、すぐに事業を進めることができます。時間がかからないということは、事業展開において本当に大切なことです。事業環境はすぐに変化しますので、すぐに動けるということは、それだけで大変な強みなのです。

○お金を返さなくても良い

　この場合、Ａさんから出してもらったお金はＡさんに返す必要がありません。「人からお金を出してもらったのに、返さなくて良いの？」とそんな風に感じませんか？

　皆さんもコンビニでおにぎりを買ったことはあるでしょう。そのとき、やっぱりおにぎりはいらないからお金を返して！と言うことは基本的にできません。実は出資者であるＡさんは、単にお金を出してくれたのではありません。

　　Ａさんは出資をした　＝　Ａさんは株式会社ひらめきの株式を買った

　つまり、一度株式として買ったのだから、その購入代金を返す義務はないのです。

　自分でお金を貯めるのには時間がかかる。でも出資を受ければすぐにお金が用意出来てしかもそのお金は返す必要がない。これが出資を受ける＝株式を買ってもらうことの最大のメリットです。

○その代わり、すごく色々と言われます

Ａさんからお金を出してもらったのに返す必要もない。出資を受けることはすごく良いことばかりに思えます。しかし、もちろんそんな良いことばかりではありません。

　Ａさんの立場は株主です。法律上「株式会社ひらめき」は株主に所有権があります。つまり実際に事業をしている私ではなく、Ａさんのものなのです。

「出資と経営の分離」が株式会社の原則です。つまりお金を出した人と実際に動かす人は別だよ、ということです。私からすると、株主であるＡさんの気持ちや要望に対して丁寧に対処しなければならないのです。

　毎年６月ころになると「株主総会（かぶぬしそうかい）の季節になりました」というニュースが流れます。

株式会社ひらめきの場合には株主がＡさん一人ですが、大企業では株主が数百人、数千人といるのが普通のことです。その株主一人ひとりが好き勝手を言っていたら話もまとまりません。

　そこで年に一回、株主が皆で集まって色々な意見を言ったり、経営者が「いまこんな感じで頑張ってます。だからこれからもよろしくね！！」と報告をしたりする集会が行われます。それを株主総会と呼ぶのです。

　企業、そして経営者は株主総会に対してとても敏感です。もしここで株主の人たちに気に入られなければ

・こんな業績で満足できるか！！もっと頑張れよ！！！
・お前みたいな無能はもう経営者を辞めてもらう！！

　といった文句を言われてしまいます。そして実際、株主総会では株主が多数決をとって経営者をクビにすることもできるのです。

　株主にはお金を返す義務はありませんが、お金の出し手として、最大限に尊重をしなければならないのです。

○小さな会社ではトラブルの元になることも

　日本中には数百万件の小さな会社があると言われています。そしてその多くは株主と経営者が同じ人であることが多いです。

　先ほど「出資と経営は別物」というお話をしました。しかし実際には、この２つを同じ人が担当しているケースは沢山あります。先ほどの例でいえば

　私がお金を出資して（株式を買って）株式会社ひらめきを設立して、私が経営者を担当する

　ということになります。なんでこんなことをするかというと、事業を発展させるためには株式会社を作ったほうが便利なことが沢山あるからです。

　そしてお金の出し手と動かし手が同じであれば、誰から文句を言われることもありません。これは前項で紹介した「自分でお金を用意する」方法と同じです。もちろん、失敗した時の危険性も「自分でお金を用意する」ときとまったく同じです。

　その一方で他人から出資を受けたときのことを考えてみましょう。

株式会社ひらめきの事業は順調に発展しました。しかし私はＡさんとお酒の席で大げんかをしてしまいました（お酒の席で失敗をする大人は本当に多いものです）。
皆さんも仲の良い友達と喧嘩をしてしまったことが一度や二度はあると思います。どんな顔をして会えば良いのか、なんの話をすれば良いのか。

小さな株式会社における株主と経営者の関係も似たようなものです。お金の出し手である株主と、実際の運営をする経営者の仲が、個人的な事情などで悪くなってしまうことはよくあります。そこから大きなトラブルに発

展してしまうことも珍しくありません。

　小さな株式会社では「出資と経営が別」であることは、トラブルの元になりかねないのです。

○早く結果を出さないと…
　他人から出資を受ける場合、こんな約束をする人もいます。

「３年以内にこの事業で儲けを出してみせます！！」

　確かにお金を出してもらうのだから、期限くらいは区切らないと説得力がありません。しかし夏休みの宿題のごとく、予定というものは予定通りに進まないものです。
　そして株主側も状況が変わります。出資をした時点では３年待つとは言ったけど、やっぱりもう少し早くに結果を出して欲しいな…といった心変わりはよくあることです。

　出資を受けた場合、経営者は、事業の状況や株主の現状など、様々な要因に右往左往しながら、常に期限を意識して仕事をしなければなりません。自分でお金を用意したときにくらべると、かなり慌ただしい感じがします。

3－4．誰かに出してもらう　その2：融資を受ける
借りたら返す。返せていれば文句なし！

　誰かにお金を出してもらう方法はもう一つあります。それは融資（ゆうし）を受けるという方法です。言い換えると

・事業に使うお金を借りる

　ということになります。

また事例で考えます。
先ほど設立した株式会社ひらめきですが、無事に事業は発展してきました。そこで更なる成長を目指すため、新しい機械を購入することにしました。ただしその購入資金を自分のお金で支払ってしまうと、手元のお金が大分心細くなってしまいます。
　そこでその購入資金を銀行から借りることにしました。借りたお金を使って新しい機械を買い、事業の発展を目指すことにしました。

　融資を受ける方法の特徴は、以下の通りです。

○お金がすぐに用意できる
　出資を受けるときと同じく、お金を貸してくれる人さえみつかれば、すぐに行動に移すことができます。

○借りたお金は返さなくてはならない
　先ほどの出資を受けるのと違い、ここでいうお金は借りたものです。借りたものは返さなければなりません。
　そして、普通は借りたお金をただ返すわけではありません。利息をつけて返します。

利息は通常年率で計算されます。「１年間で○％の利率」という表記がされます。

○結果を出すまでに厳しい時間制限がある
　先ほどの出資と同じく、投資の結果を出すまでに時間制限があります。そして、考えようによっては、出資よりも融資のほうがより厳しいです。

融資の返済は、期限が決まっています。返済期日までにお金が用意できなければ「借りたお金を返さない会社」という評判が立ち、あっというまに信用がなくなってしまいます。場合によっては、いわゆる倒産とよばれる状況に追い込まれることもあります。

　投資の成果（収入の増加 or 支出の減少）　＞　投資に必要なお金　＋支払利息

　この算式が満たせない場合、手元のお金は減少してしまいます。一時的な減少は仕方がありませんが、何年間にもわたり、ずっと成果が出なければ、そのうち手元のお金も尽きてきます。

　融資をつかって投資を行う場合、結果を出すまでの期限は、かなり厳しく設定しておかなければなりません。

　ちなみに余談として。

　１９８０年代、日本ではバブル景気と呼ばれるものが起こっていました。好景気に浮かれ、借金をして雑多な投資をすることが大流行していたのです。調子が良いうちは良かったのですが、気がついたときにはすごい勢いで景気が悪化していきました。

　後に残ったのは結果を出せる見込みのない投資案件と膨大な借金。この

結果、沢山の会社が潰れました。残った膨大な借金は、貸している銀行からすれば返してもらえる見込みがありません。そのような案件を「不良債権（ふりょうさいけん）」と呼びます。

○返済さえきちんと出来ていれば文句は言われ難い
　融資の使い方は中々難しいのです。
それでも上手に使えば、良いタイミングで適切な投資を行うことができます。そして返済さえしっかりと進んでいれば、銀行などから強い文句を言われることはありません。

　出資を受けた場合、会社の所有権を株主に渡したことになります。それに比べると、融資を受けるのはあくまでお金を借りただけです。借金の返済さえきちんとしていれば、会社の経営方針などに文句を言われる筋合いはないのです。

　これも余談として。

　そうはいっても、借りている額があまりにも膨大な場合、やはり銀行などにも強い言い分が与えられます。巨大企業が倒産しそうになると「債権者集会（さいけんしゃしゅうかい）」と呼ばれるものが開催されます。簡単にいえば、その会社にお金を貸している人たちの集まりです。

このような集会が開催されると、お金を貸している人たちも大きな発言権を持つことになります。貸したお金を返してもらえなくなるかもしれないのですから、銀行も必死です。

＊＊＊

資金源についてまとめると、以下のようになります。

	自己資金	出資	融資
スピード	自分で貯めなければいけないので、遅い。	相手が見つかれば早い。	銀行等を相手にすれば、かなり早い。
結果を出すまでの期限	生活費などが大丈夫であれば、あせる必要がない。	相手に約束した期限を守れないと、関係が悪化することも。	返済に間に合うくらいのはやさが必要。
会社の持ち主	自分。	お金を出してくれた出資者。出資者の意見は大きな力をもつ。	自分。きちんと返済さえしていれば、特に文句をいわれることはない。
精神的負担	失敗した場合は怖いが、自分のお金なので、仮になくなったとしても自己責任で済む。	他人に出してもらったお金で仕事をすることについて、人によってはプレッシャーになることも。	返せている内は大丈夫だが、それなりの重圧がある。
お金の返済	不要。	不要。	必要。

第二章の
まとめ

○事業とは、仕事や商売をすることである

○事業を開始するときには、初期投資が必要である
　　初期投資が大きいとそれだけ早く、大きく回収できなければならない
　　飲食店などで居抜き物件が多いのは、初期投資を安くするためである

○事業を始めて順調に売上が獲得できるようになるには、
　　ある程度時間がかかる
　　また事業を維持するための費用もあるので、
　　初期投資の回収と併せて考えなければならない

○世の中の変化は激しいので、
　　同じ仕事を続けていられる時間は決して長くない
　　すでに活動している事業についても新しい投資が必要となる

○リストラとは再構築のことである
　　既存事業の投資では「収入を増やす」「支出を減らす」
　　キャッシュフローの改善を考えなければならない

○自分がやっている事業の強みと投資がマッチする必要がある
　　ただし、ときにはあえてこれまでの強みを否定するような投資も
　　必要である

○投資を行うために必要な資金を用意するには「自分で用意する」か
　　「他人に出してもらう」方法がある
　　他人に出してもらう方法は「出資を受ける」「融資を受ける」の
　　二通りがある

○自分でお金を用意すれば気楽にのんびり事業ができる
　　ただし失敗をすると後がなく、会社を大きくすることも難しい

○出資を受ける＝株式を買ってもらう方法では、
　　出してもらったお金を返す必要がない
　　そして素早く事業を展開することができる
　　ただし経営の方針などについて色々と指示をされる可能性がある
　　また早く結果を出せなければクビになってしまうことも

○融資を受ける＝お金を借りる方法では、
　　やはり素早く事業を展開できる
　　そして借りたお金さえきちんと返していければ
　　文句を言われることはない
　　ただし結果を出すまでの期間はかなり早い必要がある
　　投資に失敗した場合、背負った借金の返済という重い負担が残る

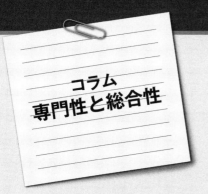

コラム
専門性と総合性

「芸は身を助ける」という言葉があります。趣味で覚えた技術などが思わぬ手助けになるような意味です。食うや食わずで困っていた人が、試しに歌を歌ってみたら案外と好評で、それで食べ物やお金を得るようになるという例は、人類の歴史上何度となく起こっています。

　皆さんもスペシャリスト（専門家）という言葉はよくご存知でしょう。一つの分野において優れた知識や技術をもつ人のことです。大なり小なり、仕事をしている人は、その仕事に関わる専門的な知識や技術をもっています。

　これに対してゼネラリスト（全般的な知識を持つ人）もいます。幅広い知識や技術を有していて、別々のものをつなぎあわせることができる人です。

　昨今では「これからはスペシャリストの時代だ！！」ということが盛んに言われています。確かに何か一つの優れた技術や知識を持つことで一点突破を目指す生き方は、なんとなく格好良いもののようにみえます。

　しかし、本書で繰り返し確認しているように、投資というのは常にリスク（不確実性）を含みます。その一点突破を目指した知識・技術が、なんの役にも立たなくなることだって十分にあるのです。

　そういうときに、ゼネラリストのような見方が身を助けることも少なくありません。人間は自分がやっている分野のことには詳しくなっていきますが、すぐ隣の人がやっている仕事にすら気が付きません。
　そして、そういう隣の人のお仕事と、自分のお仕事を絡められる人が新しい分野を切り開くのです。

物事を検討するには2つの方向軸があります。垂直思考と水平思考です。垂直思考は自分の得意分野を上下に伸ばします。水平思考は他分野への応用を検討します。

　もちろん垂直思考はとても大切なことです。これがある程度深まっていない状態で、他分野のことを考えることなどできません。そこに水平思考が加わることで、新しい世界が拓けてきます。また水平思考を持つことで、既存の枠では役立たないサンクコストが、まったく別の価値を発揮する可能性もでてきます。

　任天堂という会社を大きくした功労者の一人に、横井軍平さんという方がいます。横井さんは「枯れた技術の水平思考」という哲学を持っていました。枯れた技術とは、すでに使い込まれて一般的になった技術や知識です。それを横に移動させる＝別の使い方を考えることで新しい物事を創りだすのです。

　そうやって水平方向でのアンテナ感度を高めておくと、毎日が楽しくもなってきます。町中でみかけた小さな出来事と、自分の能力や人脈を結びつける。それがこれまでにない、新しい仕事を生み出すきっかけになるかもしれません。

　垂直（縦）と水平（横）、どちらも必要な投資です。皆さんもたまには周囲にいる人がやっていること、楽しんでいることに耳を傾けてみるのも良いのではないでしょうか？

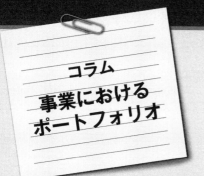

コラム
事業における
ポートフォリオ

２０２０年１月時点で、わたしは税理士という仕事をしています。税理士とは「お客さんの経理処理や税金計算のお手伝いをする仕事」です。

　　　　　　　税理士は国家資格です。試験の難易度はそれなりに高く、１００人が挑戦して合格をできるのは、せいぜい数人ではないかと思います。

　ただ、そんな税理士という仕事についても、どちらかというと暗い話題が増えています。原因はやはり人工知能の発展です。

　人工知能には、向き不向きがあります。あまり向いていないのは「何かを決断したり、新しい物事をつくりだすこと」です。そして向いているのは「情報の整理や、決まった書式にしたがって計算をすること」です。（向き不向きについては、様々な説があります。人工知能に関する本は、ぜひ一冊くらい読んでみることをオススメします）

　税金計算は、決められた書式にしたがって行います。ですので、人工知能とは親和性が高いと言われています。よく雑誌で「人工知能の発展によってなくなる職業ランキング」が発表されますが、税理士や会計に関わる仕事は、だいたいトップ５の常連です。

＊＊＊

　そんな状況のなか、わたしも自分の仕事について、以下のことを心がけています。

○強みをみつけて、それを鍛えていく
　税理士の仕事は、その多くが計算です。一方、最近ではお客様のために

様々な計画書や報告書を作成する仕事も増えてきました。こちらの仕事で大切なのは、文章力です。

　私の場合、お客様とお話をして、それを文章にまとめるのがとても楽しいです。そのお客様がどんなことを考えていて、どのようにお金と時間を使っているのか。それを文章にまとめて書くことを、日常的に行っています。

　それを続けていた結果

・お客様が自分の仕事をみつめなおすきっかけをつくる
・税務署やその他の役所、金融機関がお客様の仕事を理解する手伝いをする

この両方を実現することができました。そして文章を書くことを続けてきたことで、コラム執筆などのご依頼も頂くことができるようになりました。

　文章を書くという自分の強みを鍛え上げたことで、仕事の幅を広げることができた実例です。

○あたらしく会社を設立し、まったく別の仕事にも挑戦
　２０２０年、あたらしく会社をつくりました。その会社では、税理士業務とはまったく別の仕事を展開します。

　ここ１０年ほど、様々なご縁があって、武術や芸術に関わる市民活動に関わってきました。活動を通じて、色々なことを体験し、学ぶことができました。

・企画の立案（どうやってみんなで楽しむか）
・広報の実施（どうすればその企画をみんなに知ってもらえるか）

・事務体制の構築（楽をして裏方を片付ける方法）　等々

　本当に多くのことを学ばせて頂きました。こうして体験したことを、次は仕事として成立させるべく、会社をつくることにしました。新しい会社では、武術や芸術をつかった、新しい市場をつくりだしていきます。

　会社の仕事を通じて、自分に武術や芸術の楽しさを教えてくれた方々に、何かしらの恩返しができたらな～と考えています。そしてもちろん、わたし自身も何かしらの形で報酬（楽しい体験やお金など）を得ていきます。

＊＊＊

　ここでは私を事例にしましたが、多くの会社でも同じようなことを考えています。

・自分の会社がもっている強みを深めていく
・一点突破をしたあとに、新しい展開がみえてくる
・まったく異なる業種についてもアンテナを貼る

　例えば建設業をしている人が、チャンスとみれば飲食業をはじめたりします。もちろん、投資はリスクがありますので、失敗することもあります。一方、もし結果が出せれば、複数の強みを持つことが可能です。

　ポートフォリオは「選択と集中」「分散投資」のバランスで考える。皆さんも自分の人生をどんなポートフォリオに仕上げるか、考えてみてください。

第三章
金融投資について

１−１．「金融投資」ってなに？
お金が「働く」ふしぎな世界

　この章では「金融投資」について考えていきたいと思います。

　ここでまず金融という言葉について考えてみましょう。金融を
Wikipediaで調べると次のように記載されています。

・資金余剰者から資金不足者へ資金を融通すること

　言い換えると、お金が余っている人から不足している人へ流すことを意
味します。ただ、昨今のニュース等で使われている金融は、次のような意
味で使われています。

・お金をただ置いておくのではなく、お金を働かせてお金を増やす

「お金を働かせる」というのも不思議な言葉です。やはり実例で考えてみ
ましょう。

　何かしらの理由で手に入れたお金を、自分のサイフに入れておきます。
ここでは仮に５,０００円だとしましょう。そのまま一年間、サイフをタ
ンスの中に眠らせて放っておくとします。一年後、サイフの中のお金はど

うなっているでしょうか？

　お金の額は５，０００円のままのはずです（誰かに盗まれていなければ）。お金はタンスの中でいくら熟成させても、金額が増えることはありません。こうやって自分の手元で現金のまま保管することを「タンス預金」と呼びます。

　それでは銀行に預けたらどうでしょう？５，０００円を銀行に預けて、一年間ほど眠らせてみます。銀行預金ならば利息がつきます。さて、一体いくらになるでしょう？

　ところが。現在、日本の銀行では驚くほどの低金利が採用されています（その理由は後の項目で簡単に説明します）。一年間預けたところでもらえる利息は０．１％あるかないか、という感じです。つまり５，００５円くらいになっていれば良いかな、程度です。これではタンス預金とほとんど変わりがありません。

　タンス預金や銀行に預けたままの預金は、いくら時間をおいてもほとんど増えません。このような状態は「お金が働いていない」と表現することができます。

　では先ほどの５，０００円を何か別の形に変えてみることにしましょう。

・友達に５，０００円を貸して、一年後に１００円の利息をつけて返してもらう
　正直、この方法はあまりオススメできませんが・・・（お金の貸し借りは多くの友情を壊します）、ここではあくまで例として考えてください。
　先ほどのタンス預金や銀行預金に比べたら、いくらか手元に戻ってくるお金が増えています。

・５，０００円を誰かが始めようとしている事業に出資する

　もし開始した事業が大きな成功を納めれば、何か良いことがありそうです（どんな良いことがあるのかは後で確認します）。最後には５，０００円を超えるお金が返ってくるかもしれません。

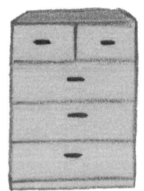

　この２つの方法は、先ほどのタンス預金や銀行預金に比べるとお金が増える可能性が明らかに高くなっています。このような状態を「お金が働いている」と表現します。

　つまりお金が働いているということは、現金や預金を何か別の形に変えて増えるようにしむけることなのです。

１－２．事業と金融の違いを確認してみよう
お金でお金を増やす！

　第二章で確認した事業（仕事・商売）と金融の違いを確認しましょう。

○事業
・建物や機械、食事やサービスの提供など、実際に手足を動かして仕事をする
・お金は建物や機械、各種材料、人材などに使われる

○金融
・お金を何かの形に変え、基本的に自分が手足を動かすことはない
・お金は人に貸したり出資をするなど、別の形に変化する

「使われる」のと「変化する」の微妙なニュアンスの違いを感じてもらえ

ると嬉しいです。金融を別の言葉で表現すると「お金がお金自身を増やすような活動」となります。

　ただし、ここで注意点。世の中には金融事業という分野もあります。例えば銀行で働いている人々は、金融事業を行っています。つまり

・誰かから預かったお金が働いて、そのお金自身を増やすような仕事をしている

　ということです。「金融に関わるサービスを提供する事業」も存在するということです。
　とはいえ、本書では分かりやすさを重視して、事業と金融を分ける形でお話を進めます。

１－３．金融投資とリスク
虎穴に入らずんば虎子を得ず！

　お金を働かせる、つまりお金を何か別の形にするに当たっては、必ず知っておかなければならない大原則があります。それはリスクとリターンの関係です。

　第一章で確認した言葉の定義でリスク＝不確実性と確認しました。
リスクが小さければ悪いことは起こりづらいが、良いことも起こりづらい。
リスクが大きければとても良いことが起こるかもしれないし、とても悪いことが起こるかもしれない。
つまり大きなリターン（回収）が欲しければ、大きなリスクを取る必要があるということです。ここでも具体例で考えてみましょう。

○タンス預金

　良い点）使おうと思えばいつでも使えるので、緊急時にも安心。

　悪い点）絶対に増えない。

　　　　　　盗難や火災によってなくなってしまう危険性がある。

　結果）　低リスク低リターン

○銀行預金

　良い点）銀行が潰れない限りなくなることはない。使いやすさも十分。

　悪い点）利息はほとんどつかない。

　結果）　低リスク低リターン

○貸付

　良い点）タンス預金や銀行預金に比べてお金が増える確率が高い。

　悪い点）貸した相手に踏み倒されてしまったらオシマイ。

　結果）　中リスク中リターン

○出資

　良い点）もし出資した事業が成功すれば数倍、数十倍になって返ってくるかも。

　悪い点）失敗すればゼロ（しかも結構失敗する可能性が高い）。

　結果）　高リスク高リターン

　リスクとリターンは、おおむね比例する関係にあります。大きな儲けが欲しいならば、投じたお金を失う可能性を許容しなければなりません。

　利回り（りまわり）という言葉があります。投じたお金に対してどれくらいの割合で増えて返ってくるのかを示す言葉です。上の言葉でいえばリターンとほぼ同じような意味です。

　機会があったら、銀行などで配られている色々な金融商品のパンフレットを読んでみてください。その中に「有利な利回りを実現！！」といった

言葉が見つかるかと思います。ここでいう有利な利回りというのは

・銀行預金で放っておくよりも高いリターンが期待できますよ！！

　というくらいの意味です。ただしその裏には

・でも場合によってはお金が減っちゃうかもしれないからね！！

　という言葉が隠されていることは、しっかりと覚えておかなければなりません。なぜならリスクとリターンは比例関係にあるからです。隠していないまでも、驚くほど小さな文字で書かれていることも多いのでご注意を・・・。

　具体的な項目に入る前に、もう一つだけ確認です。
　実は金融投資では「他人からお金を借りてきて行われる投資」があります。つまり

・他人からお金を借りてきて、そのお金をまた別の人に貸す
・他人からお金を借りてきて、そのお金を何かの事業に出資する

　ということです。

　・・・あれ？金融というのは資金余剰者から資金不足者に融通することではなかったっけ？？と思った方はするどいです。他人からお金を借りているということは、別に手元のお金が余っている訳ではないことになります。
本来の定義ではありえないのですが、実際にはこのような金融投資が沢山行われています。理由は多々あるのですが、とりあえず

「人間というのは、結構欲深い生き物なんだなぁ」

と覚えておいてください。

　それでは次の項目から、具体的な
金融投資の方法について考えていき
ましょう。

２－１．不動産投資
めざせ大家さん！

　一つ目は不動産投資です。実は不動産投資を金融投資の中に含めるかは
微妙なのですが・・・「お金を別の形に変えてお金が増えるような仕組み
を作る」ことに違いはありませんので、この本では金融投資に含めて考え
ます。

　不動産投資という位ですから、お金を不動産の形に変えます。不動産と
は建物や土地のことです。皆さんが住んでいる家も建物ですし、そして建
物は必ず土地の上に建っています（中には水面上に建築されている建物も
増えていますが）。

　不動産から収入を得る方法は２つです。

○誰かに貸して賃料をもらう
　俗に建物を持っている人を大家（おおや）さん、借りている人を店子（た
なこ）さんと呼んだりします。大家さんはお金を出して土地や建物を用意
して店子さんに貸し付けます。そうやって大家さんはお金を増やす投資を
しているのです。このような投資方法を不動産賃貸業（ふどうさんちんた
いぎょう）と言います。

　不動産賃貸業の特徴はこうです。

・銀行預金の利息と比べると高い利回りが期待できる
　人間には住むための場所が必要です。またなにかの仕事をするには、部屋が必要です。不動産には常に一定の需要があります。そのため、借りてくれる人が無事にみつかれば、それなりの利回りを期待することができます。

・通常は長い期間をかけて行われる投資である
　短くても１０年、長ければ数十年という時間をかけて行われることが多いです。

○誰かに不動産を売却する
　昔から所有していたり、改めて手に入れた不動産を誰かに売却する方法です。
以前に１，０００万円で買った土地があります。その土地の人気が上がってきたので２，０００万円で売却しました。これで１，０００万円の儲けが出ます。

　不動産売却の特徴はこうです。

・一回の売却で大きな儲けが出ることが期待できる
　賃貸業が少しずつ儲けを重ねるのに比べ、売却は一発でドカンと大きく儲けるイメージです。

・それほど長い期間をかけて行うことは少ない
　本当に短いと数ヶ月、長いケースでも数年くらいで売られるケースが多いようです。

実際には不動産賃貸と不動産売却は併せて行われることも多いです。
例）土地と建物を買いました。店子さんを探して貸付を始めました。ある
程度時間が経ったところで、土地の値段も上がっていたので、他の人に売
却をしました。

２－２．不動産投資の資金源と費用について
不動産って、高いのです・・・

　不動産投資では、その多くが借金を使って行われます。皆さんもなんと
なく御存知かとは思いますが、不動産というものはとても高額です。ちょっ
とした都会でそれなりの建物を購入しようとすれば、数千万、数億、数
十億といったお金が必要になります。

　そういうお金を手元からポンっと払えるような人はあまりいません。だ
から他人からお金を借りて、その借金を使って建物や土地を購入するので
す。

　そして不動産投資が上手くいくかどうかの最初の課題がここに出てきま
す。

・初期投資をどれくらいに抑えられるのか

　同じ建物を用意するのに１億円かかった場合と２億円かかった場合を比較してみましょう。どちらの方が有利に投資を行うことができますか？
当然１億円で用意した方です。最初にかかったお金が安いのですから、家賃を低くすることも可能でしょう。あるいは誰かに売却するにしたって、１億円さえ超えていれば儲けを手に入れることができます。

そして借金の問題も関係してきます。誰かから借金をしているということは、その人に対して利息を支払わなければなりません。沢山借金をするということは、それだけ沢山の利息を支払うことになります。

不動産投資において、初期投資を如何に低く抑えるかというのはとても大切な課題です。

・維持管理費用をどうやって抑えるか
　不動産というものは、所有した後に管理する手間も必要です。例えば住んでいるマンションの廊下がゴミだらけで、灯りも消えていたらどうでしょう？やっぱり住んでいるのが嫌になるのではないでしょうか？快適な生活をまもるためには、掃除をしたり、定期的なメンテナンスが欠かせません。

　他にも様々な維持管理のための支出があります。例えば固定資産税というものがあります。これは不動産を持っている人が納めなければならない税金です。不動産は買ったらオシマイではなく、その後にも沢山のお金が必要です。

＊＊＊

　初期投資や維持管理費用が高くなってしまうと、それだけ不動産投資としての利回りが下がることになります。

地上げ（じあげ）という言葉をきいたことはありますか？暴力的な行為でもってそこに住んでいる人を追い出そうとするような行動です。脅しながら安い金額で不動産を買い取り、それを他の人に売却します。なぜそんな酷いことをするのかといえば、安く追い出せればそれだけ利回りが高くなるからです。

　露骨な地上げはめずらしいですが・・・一般的な不動産取引でも「価値があるものをできる限り安値で買う」ことを目指しています。

２－３．物件や街の魅力
よい街には、よい不動産があります

　不動産投資では人気度がとても大切です。
　一番わかり易いところでは、駅からの距離があります。駅から近い家と遠い家なら、やはり近い家の方が便利でしょう。
　また周囲の建物との関係や部屋の間取り、南向きかそうでないか等など。その物件が魅力的であればそれだけ

・家賃も高く設定できる

・売るときにも高く売れる

　ということを意味します。

　もっと大きな目線も必要です。それは市街地単位での人気です。

　私は神奈川県川崎市という街に住んでいます。おそらく皆さんの中では、川崎市＝工場地帯というイメージが強いのではないかと思います。

　それが近年では随分と様変わりをしてきました。首都である東京への交

通アクセスがとても便利であること、そして東京よりも安く住めることを
理由にものすごい勢いで開発が進みました。

　私自身は約４０年の人生をほとんど川崎市で過ごしていますが、子供の
頃の面影は大分なくなりました。すぐ近所にも高層マンションが建ち、い
くつか隣の駅に至っては一体どこの街だかわからないくらいの変貌を遂げ
ました。

　そうやって開発が進む市街地の不動産ですが、値段はどうなるでしょう
か？当然、どんどん値上がりしていくことになります。物件個別の魅力も
もちろん大切なのですが、それ以上にその街の人気度がどうなっていくの
か？という要素が本当に大切です。

　余談として。
　皆さんの中にはご家族が買った不動産に住んでいる人もいるでしょう。
いわゆる「持ち家」というやつです。
自分たちで住むために家を買う訳ですから、上で紹介したような物件や街
としての魅力はそれほど重要ではないと思うかもしれません。

　しかし、その考え方は甘いのです。例えば仕事の都合でその家に住むこ
とが出来なくなったらどうするのでしょうか？おそらく皆さん自身かその
お友達の中にも、急な転校を経験したことがある人もいるでしょう。

　そのとき、買ってしまった不動産はどうにかしなければなりません。
　誰かに貸して住んでもらうのでしょうか？それとも売却するのでしょう
か？
　その家の人気が高ければ特に困ったことは起こりません。しかし、もし
全然人気のない状態だったとしたら？

借りてくれる人もいない。買ってくれる人もいない。でも住み続けることもできない。その家を買った借金だけを、ひたすら返し続けなければならない。

そんな状態にならないためにも、不動産を購入するときには「これから先の人気度を検討してから購入する」ことがとても大切なのです。これは、たとえ自分たちが住むための家を買うのだとしても同じです。

当然、人気度が高い不動産は、その金額も高いです。あまりにも高すぎる家を買うこともオススメはできません。許された予算のなかで、できる限り価値が保たれそうな家を選ぶ。自宅の購入でも、不動産投資の視点は必要です。

2-4．不動産と相続　税金対策でマンションを！・・・で、本当にダイジョウブ？

不動産投資に関するお話の締めに、相続について取り上げます。
皆さんも相続（そうぞく）という言葉くらいは聞いたことがあると思います。ミステリやテレビドラマで「大資産家の相続を巡る骨肉の争い！！」といった煽り文句をみたこともあるでしょう。

相続というのは誰かが亡くなったときに発生します。

・遺産（亡くなった人の持ち物）について、誰がどうやって引き継ぐのか？

　ということを決める手続きです。この建物は一番上の子供、この預金は２番目の子供、持っていた車は妻が…というようにそれぞれの取り分を決めていくのです。

相続があったとき、日本では相続税という税金を計算しなければなりません。相続税は

・遺産が沢山あると沢山支払わなければならない

　このような性質があります。

　実はこの相続税、遺産の内容によって税金の額が大きく変わります。現金や預金よりも不動産の方が安くなるのです。

　現金や預金は、とても使い勝手がよく、誰しもが欲しがります。そのため、１億円は１億円のままで評価されます。

　一方、不動産は現預金と比べると、使い勝手が劣ります。住宅であれば、すでに住んでいる場所がある人にとっては、不要です。また賃貸不動産も、場所が遠ければ管理しきれません。そして繰り返しになりますが、不動産は所有しているだけで維持費用がかかります。
　仮に時価で１億円くらいの不動産があるとしたら、その評価は５，０００万円～８，０００万円くらいまで、減額されます。

　つまり、現預金をたんまり抱えて亡くなるより、不動産がたくさんある状態のほうが、相続税が安くなるのです。

＊　＊　＊

近年、相続税は増税傾向にあります。多くの不動産屋さんが「相続税対策に不動産投資は如何でしょう？」という宣伝をするようになりました。これは「現預金で遺産を残すより、不動産投資をした方が相続税を安くできますよ！」ということを言っているのです。

　実際、そのような相続税対策を理由に建築された不動産は本当に沢山あります。ひょっとしたら皆さんがいま住んでいる家も、そういう理由で建設されたものかもしれません。

　ただし、よく注意してください。

　相続税が安くなる＝だから不動産投資は良いものだ！！ということにはなりません。

　例えばアパートを建築したとしても、店子さんが見つからなければ不動産投資としては大失敗になってしまいます。
　相続税は安くなった、しかし不動産投資として失敗したので、結局手元にお金は残らなかった。そんな事例も数多く存在します。

　税金というのは、本当に嫌われ者です。そのため「税金が安くなる　＝無条件によいこと！！」と考えてしまう人は、決して少なくありません。

　いまの皆さんが相続税対策で不動産投資をすることは、ほとんどないかと思います。しかし、いまから数十年後には、そんなことを考える日が来るかもしれません。あるいは、皆さんのご家族で、今まさにそういうことを考えている人がいるかもしれません。

　日本は人口減少社会に突入しました。人に対して不動産は余りつつあり、不動産投資で成果を出すのは難しくなってきている、とも言われています。

　家族がみんなで幸せになれそうか否か、しっかり検討をしてから不動産投資は実施したいものです。

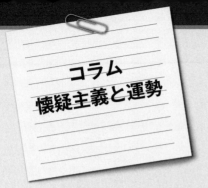

コラム
懐疑主義と運勢

夢を持って生きていけば必ずその夢は叶う！！」というような言葉が世の中には溢れています。本当にそうでしょうか？

人間は自分の努力を評価したいものです。自分がやっていることは尊い、これだけ努力しているのだから結果が出ないわけがない。そんな考えをまったく持たないで生きられる人はいないと思います。

しかし、残念なことに世の中では報われない努力も多いですし、叶わない夢も沢山あります。スポーツでも学問でも、脚光を浴びるような活躍をできる人は、１０，０００人に１人もいるかいないか、です。

＊＊＊

懐疑主義（かいぎしゅぎ）という言葉があります。世の中の原理原則とされているものを疑い、新しい原理原則を見つけ出そうとする、科学・哲学的な思考方法のことです。

私の周囲で結果を出している人の多くが共通して口にする言葉があります。それは「運が良い」です。もちろん自分なりの努力はしているが、それにもまして運が良いから結果が出せたのだ、と考えているのです。

何の努力もせず成果を出せる人はいません。運が良い状況に持ち込めたのは、やはりその人の努力です。しかし「運が良い」という言葉からは、自分自身の努力や投資に対する懐疑主義の姿勢がみてとれます。

・自分がやっていることは決して万能ではない
・おそらく競争相手は自分以上に準備をして万全の状態を整えているに違いない

　自分を信じず、敵を信じる。敵を信じた上で、こちらも出来うる限りの準備を行う。
この考え方は「死ににくい状態」を作るためにはとても大切なのではないかと思います。

＊＊＊

　もう一つ、他力本願ということばもご紹介しておきます。おそらくですが、他力本願ときくと、多くの人が「誰かがなんとかしてくれる」という意味だと考えているようです。

　しかし、実はこの言葉、本当はまったく異なる意味をもっています。もとは仏教用語で、ここでいう他力とは「阿弥陀仏のちから」というような意味です。現代風に言い直すと「仏様のちからを借りて、じぶんも仏に成ることができる」というような感じです。

　この言葉の存在は、人間が昔から「オレ（ワタシ）はがんばっている！」と思いたがっている、ということを示しているのだと思います。そういう心の内に対して

・まぁ君も頑張っているかもしれないけど、もっと大きな力が世界にはあるんだよ

　というようなことを、いましめているように感じます。

　くどいようですが、努力をしなくて良いわけではありません。努力はする。その上で、それが実を結ぶか否かは、神のみぞ知る、という心構えも大切です。と、上の例では仏ですが。

3−1. 貸付による投資
誰に貸すのか、それが問題！

　金融投資の二つ目は貸付です。

誰かに対して自分が持っているお金を貸し付けます。貸し付けた相手からはそのお金だけでなく、利息を併せて回収します。

　銀行に預金しているのは、皆さんが銀行にお金を貸し付けている状態です。だから皆さんが預けている銀行預金に対しては、本当に少額ではありますが利息がついてきます。なぜ銀行にお金を貸しても利息が少ないかは、後で説明をします。

　貸付による投資の特徴は以下の通りです。

・ある程度長期間に渡って行われることが多い

　ものすごく短い期間で貸付が行われることもありますが、通常はある程度長い期間で行われます。短くて１年、長ければ１５年といった期間です。

　従って、貸している側と借りている側は、貸付期間にわたって関係性を持つことになります。お互いが良好な関係である内には良いのですが…とかくお金の絡んだ関係というものは途中からこじれることが多いものです（くどいようですが、友達や親戚とはお金の貸し借りをしないことを強くオススメします）。

　皆さんが相手を自分で選んで貸付をする、ということはあまりないのではないかと思います。実際にどういった方法で貸付を行うのか？については少し後の項目で紹介します。

・途中で現預金に戻すことが難しい

　例えば先ほどの不動産賃貸業の場合、緊急事態で手元にお金が欲しく

なったら不動産を売却するという選択肢が存在します。

　ところが貸付の場合、誰かに直接貸している場合にはそういった行為がとても難しいです。

　例えば私が友人のAさんに１００万円を貸しているとしましょう。しかし私はどうしても手元にお金が必要な用事ができました。そこであなたに対して

「Aさんに１００万円貸している。その貸付金を買い取ってくれ！！」

　と頼んだとします。あなたはこの貸付金を買い取ってくれるでしょうか？

　多分「そんな訳のわからないものは買い取れない」と思うのではないでしょうか？あなたからすれば、Aさんはまったく知らない他人です。貸付金が本当に戻ってくるのか、信用できないでしょう。

　そういった事情もあり、Aさんへの貸付金を誰かに売却するのは難しそうです。ではAさんに対して「こちらの都合があるので、すぐに全額を返してほしい」と請求できるでしょうか？これも難しそうです。Aさんからしても、いきなり全額を返してくれと言われても対応できないのではないでしょうか。

というわけで、貸付による投資は、途中で現預金に戻すのが難しいのです。この不都合な特徴をなしにできる方法もありますので、それについても後の項目で説明します。

3－2．借りる人の信用力 いま持っているものと、これまでの生き方が問われます

　貸付を行う上でとても大切なのは、貸し付ける相手の信用力です。ここでも例を考えてみましょう。

・Aさんは実家が大金持ちで、自分自身も色々な資産を持っている。
　今回、新しい事業を始めたいのでお金を貸してほしいと言ってきた。
・Bさんは特に何かの財産を持っているわけではない。
　親類縁者にも目ぼしい資産家がいるわけでもないようだ。
　同じく新しい事業を始めたいのでお金を貸してほしいと言ってきた。

　皆さんだったら、どちらの人にお金を貸したいでしょうか？

　AさんとBさんの性格などを度外視すれば、どう考えてもAさんに貸したいはずです。Aさんであれば始めた事業が仮に失敗しても、おそらく貸したお金は返してもらえるでしょう。しかしBさんであれば、事業が失敗した時点で貸したお金も戻ってこない可能性があります。

　この時、AさんとBさんでは次のような点で差がついてきます。

・借りられる金額に差が出てくる
　Aさんは沢山の資金を借りることができます。
　それに対してBさんは、あまり沢山のお金は借りられないでしょう。
　この借りられる金額の限度を、融資枠（ゆうしわく）と呼びます。

・借金に対する利率が変わってくる
　以降、この利率のことを金利（きんり）と呼びます。

　Ａさんは信用力が高いため、低い金利でお金を借りることができます。なぜならＡさんはお金を返せなくなる可能性が低いため、貸す側としても安心してお金を貸し付けることができるからです。

　一方、Ｂさんは信用力が低いため、安心してお金を貸すことができません。そういう相手にお金を貸すのだとしたら、せめて金利を高くしておかないと割にあわないことになります。

　つまり、信用力がある人はより有利な条件で、信用力がない人はより不利な条件でお金を借りることになるのです。

・期間の長さが変わる
信用力が高い人は、それだけ長い期間お金を借りることができます。一方で、信用力が低いと、早くお金を返さなければなりません。返してもらえるかどうか微妙な相手に、長いあいだお金を貸すのは、誰だって嫌なものです。

＊＊＊

　実際にお金の貸し借りが行われる時、必ず信用調査という作業が行われます。借りようとしている人の財産の状況や、これまでの借金に関する情報などを調べるのです。

　例えばこれまでにも借金を踏み倒しているような人だったら、ものすごく高い金利でないと借りられなかったり、そもそも借金を断られてしまうこともあります。

「ヤミ金」という言葉があります。通常の方法ではお金を借りることができない人たちに対して、法外な金利を設定してお金を貸している人たちのことです。これは違法な商売ですが、貸出という投資の手法からすると、理には適っています。ただし、くれぐれもこういう人たちからお金を借りることはしないように。

＊＊＊

　世の中には色々な貸付に関する商品がありますが、そのどれもが

・借りる人の信用力に応じて、融資枠・金利・返済期間を調整して成立している

　ということは覚えておいてください。

信用力があれば有利な条件でお金を借りることができます。信用力が低ければ、より不利な条件でしかお金を借りることはできません。

逆を言えば、信用力が低い人にあえてお金を貸す投資を行えば、それだけ多くの利益を回収できる可能性があります。ただしそのような投資を行うと、お金が返ってこなくなる可能性が高いことも知っておかなければなりません。

3－3．金利はどうして上がったり下がったりするのか？ 借りやすいは貸しづらい。立場が変われば見方が変わる！

　繰り返しになりますが、貸付での投資は、相手の信用力に応じて、大きく３つのポイントを検討します。

１）誰に？
２）どれくらいの期間？
３）どれくらいの金利で？

　ここで第三章の最初にしたお話を思い出してください。現在、日本では

非常に低い金利が採用されています。銀行にお金を預けていてもあまり金利がつきません。逆に銀行からお金を借りるときにも、低い金利でお金を借りることができます。これはなぜでしょうか？

　この疑問を解くためには、皆さんに一度商売人の気持ちになってもらう必要があります。

（事例）
　皆さんは海外の食材を日本で販売する会社を経営しています。世界各地から情報を集めて、日本国内で売れそうな食材を探し続けているのです。
　とある国で、とても気になる食材を発見しました。味がよく、栄養素も豊富です。健康やダイエットはどの時代でも人々の関心を集めます。もしこの食材が輸入して販売できれば、大きな事業展開がみこめそうです。

　しかし、現在手元のお金にあまり余裕がありません。食材を輸入し販売するためには、どこかからお金を借りてこなければなりません。
　借金をして事業をするのですから、失敗は許されません。しかし未来は予知不可能。絶対に成功する投資はありません・・・。

　ここで問題です。

Ａ）金利が１０％の状態でお金を貸してくれる
Ｂ）金利が１％の状態でお金を貸してくれる

　どちらがお金を借りて、食材の輸入に踏み切りやすいですか？

　正解はＢ）です。なぜなら低い金利でお金を借りられるのですから、支払わなければいけない利息を減らすことができます。

　事業を展開していくに当たり、融資はよく使われる手段です。つまり商

売をする人にとっては

・金利が低い状態　＝　商売がやりやすい状態

　なのです。低い金利であれば借金がしやすく、事業を拡大することが簡単になります。

　世の中の景気が悪くなると、金利は下がります。金利を下げることによって、お金を借りやすい状態にして、事業をする人がお金を借りやすい状態にするのです。

　この理屈は他の様々な投資にもいえます。金利が低ければ

・金融投資のために必要な資金が借りやすい
・自分が住むための家を買うための借金もしやすい

　色々な投資が活発になります。

　皆さんもよく御存知の通り、日本は景気が悪い状態が続いています。その状態から抜け出すため、驚くほど低い金利の適用が続いているのです。

＊＊＊

　それでは常に金利は低いままなのでしょうか？実はそうではありません。

　景気がすごく良くなったとします。好景気は喜ばしいことです…が、あまり好景気が続きすぎると、人間はみんな浮かれてしまいます。浮かれすぎた状態が続くと、物の値段が上がり過ぎたり、不健全なことをしでかす

人間が増えてしまいます。

　そこで「あんまり浮かれすぎるなよ！」ということで、金利の引き上げが行われます。金利があがれば、支払利息も増えます。結果、様々な投資の熱は下がります。

　各国には中央銀行という特別な銀行があります。この中央銀行は、金利を上げ下げすることでその国の景気を調節して、経済が健全な状態を保てるように努力しています。

＊＊＊

　ここまでで紹介したのが「良い意味での金利の調節」です。このような調節が働いている内は、経済にそれほどおかしな状態は起こっていないとされます。

　ところが、悪い意味での金利調節があります。それは「信用不安」です。

　前項で確認した通り、金利は相手の信用力で変わります。相手の信用が低い場合、適用する金利は上げなければいけません。それが投資の鉄則だからです。

　詳しくは次の項目で説明しますが、日本は国債（こくさい）という形で沢山の借金をしています。国債ではかなり低い金利が適用されています。なぜなら、日本という国の信用力は高いため、それだけ低金利でお金を借りることができるからです。

　しかし、もし日本という国の信用力が落ちたらどうなるでしょうか？信用力が低い訳ですから、適用される金利は上げなければなりません。

細かな理屈は省きますが、国債に適用されている金利は、その国で適用される金利全体に大きな影響を持ちます。つまり日本という国の信用力が下がってしまうと、金利が上がってしまう可能性があるのです。

　これが信用不安による金利調節です。格付け機関というものがあり、そこで様々な投資対象の信用力が格付けされています。ある国の経済が低迷すると、格付け機関がその国の国際について、格付けランクを下げることがあります。一定のランクを下回ると、その国の信用力は一気に下落し、結果的に金利が急上昇することがあります。

　ここで示したのは非常に単純化させたお話です。ただ正しい金利調整を働かせるためには信用力が大切だということは覚えておいてください。

　金利についてもっと知りたい方は「マクロ経済学」や「金融論」といった学問を勉強してみてください。

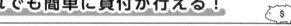

３－４．債券投資
だれでも簡単に貸付が行える！

　ここまで貸付による投資について学んできました。しかし、実際に自分でやるのは難しいと思いませんでしたか？例えば皆さんが誰かにお金を貸そうと思っても

・相手の信用力を調べる方法がわからない
・どれくらいの期間で貸すのが妥当なのかわからない
・何％の金利にすればよいのかもさっぱり

と考えるのがオチでしょう。

そこで登場するのが債券（さいけん）です。債券は、貸出による投資がパッケージ化されたものです。

例）貸出先は株式会社ひらめき。貸出期間は３年。適用金利は２％。一口１０万円で１００口販売。資金用途は設備投資。

こういった商品の形にして、銀行などで販売するのです。皆さんがもし銀行で上の債券を購入すれば、株式会社ひらめきに対して貸付による投資を行ったことになります。

そして債券の特徴は「誰かに対して売却することができる」ということです。債券の売買が行われている市場があるため、そこで手元にある債券を現預金に戻すことができるのです。
　貸出に関する項目の最初で指摘した

・個人的に誰かへ貸すのは難しい
・途中で現金化することも難しい

この２つの課題が、債券という形を取ることで解決します。

ただし、途中で換金をする場合にはある程度の損が生じることは覚悟しなければなりません。基本的には返済されるまで待っていることが求められている投資方法です。

債券は発行者によって呼び名が変わります。

・国が発行：国債

・県が発行：県債
・市が発行：市債
・会社が発行：社債

　前項で国債について取り上げましたが、他にも様々な債券があります。

皆さんが住んでいる都道府県、市町村でも債券を発行しているかもしれません。検索をしてみれば、情報が出てくると思います。
学校を建てたい。道路や上下水道の整備を進めたい。そのための資金を貸してほしいので、債券を購入してほしい。様々な理由で県債や市債は発行されています。

債券について調べることで、自分の住んでいる街がどんなことに注力しているのか、調べることが可能です。

４－１．出資による投資
あなたも株主！会社が儲かれば配当がもらえるかも？

　金融投資の三つ目は出資です。
　第二章で「出資による資金調達」について確認しました。あのときは「誰かからお金を出してもらい、そのお金で仕事をする」という場面でした。その逆を考えてみると、これからのお話が分かりやすいです。

・出資をする　＝　株式を買う
　相手に渡したお金は、株式を買うための代金です。従って、貸付と違い相手に渡したお金の返金を受けることはできません。「この株式、買ったけど返金して」という理屈は基本的に通じません。

・相手の会社に対して強い影響力を持つ

　株式を持っているということは、会社の所有権を持つこととほぼ同じ意味を持ちます。もし経営をしている人間が適当なことをしていれば「クビ！！」と宣告することも可能です。

＊＊＊

　株式を保有していることによって、どんな良いことが起こるのでしょうか？その一つは配当金（はいとうきん）です。配当金とは

・会社が出した儲けの一部分をもらえること

　です。
　例えばあなたは株式会社ひらめきの株式を１００％保有しています。経営者である私が一年間事業を行った結果、１億円の売上をあげることができました。そしてその売上をあげるためにかかった経費は９，０００万円でした。つまり一年間の儲けは

　　１億円　－　９，０００万円　＝　１，０００万円

ということです。この１，０００万円の儲けについて、出資をしてくれた＝株式を買ってくれたあなたに対して、お礼の意味を込めて分け前を払うことにしました。今回は３割、３００万円を支払うことにしました。
　このときにあなたに対して支払われた３００万円、これが配当金です。

　先ほどの貸付で出てきた利息と、今回の出資で得られる配当金は似ているようで少し異なります。

・利息：あらかじめ決められた金利に従って支払われるため、いくらもら

えるのか決まっている。

・配当：儲けがどれくらい出るのかによって、もらえる金額が大きく変わる。
　　　　また何割くらい配当をするのかは、会社によって対応が異なる。

　　配当金の支払いについては、会社によって考え方がマチマチです。利益
をなるべく株主に還元することを
目指す会社では、配当金を多く支
払います。一方、なるべく会社の
内部にお金を蓄えて、次の設備投
資等に回したいときには、配当金
をあまり支払わないこともありま
す。

　　どれくらい配当金を支払うのか、
を専門用語で配当性向（はいとう
せいこう）といいます。企業の規
模や業種によって、傾向がだいぶ
異なります。

４－２. 株式を売買する：上場企業ってどういうこと？
安く買って高く売る！あの会社の株式も市場で買えます

出資をする＝株式を買うことによる投資では、もう一つ儲けを出す方法が
あります。それは買った株式を誰かに売却することです。例えば１００万
円で購入した株式を誰かに３００万円で売却すれば、２００万円の利益が
出ます。

　　これから値上がりしそうな株式を安く買って、それを誰かに高く売る。

これを狙って株式投資を行うのです。

　株式の値段は、どうすればあがるのでしょう？簡単に言えば

・会社の業績が良くなれば、それだけ株価（株式の値段）もあがる

　こう考えてもらって大丈夫です。繰り返しになりますが、会社の所有者は株主です。業績の良い会社の株式をもっているということは、それだけ「価値がある会社を所有している」ということを意味します。

　そのため、株式投資を考えている人は、これから業績が良くなりそうな会社を探して、情報収集に励んでいます。

＊＊＊

　ここで上場（じょうじょう）という言葉について紹介します。

　売買による株式投資で、まず何が問題になるかわかりますか？それは売買の相手を見つけてくることです。

　例えば先ほどの株式会社ひらめきを考えてみましょう。あなたはこの会社の株式を１００％保有しているのでした。今回、手元に現預金が欲しくなったあなたは、この株式を売却することにしました。ではどうやって買ってくれる相手をみつけましょう？

　ネット掲示板に書き込みをしてみますか？あるいはＳＮＳで「株式売ります!!」と投稿してみますか？あるいはフリマアプリで売ってみますか？

　ここで、買う立場になって考えてみましょう。そんな投稿を読んで、株式を買いたいと思うでしょうか？

株式会社ひらめきは、世間的にはまったくの無名です。そんな名も知られていない会社の株式を、見ず知らずの人間から買おうとする人は、まず存在しません。

　そこで皆が株式を気軽に売買できるような市場（しじょう）が用意されました。そこでは様々な会社の株式が売買されています。取引相手を探すのも簡単なので、自分が持っている株式を売却することも簡単にできます。

　ただし、どんな会社の株式でも売買できるわけではありません。「うちの市場では、この会社の株式を取り扱いますよ！！」というお墨付きが必要なのです。このお墨付きをもらうために行われるのが上場審査（じょうじょうしんさ）です。上場審査で合格をもらうと、その会社の株式が、株式市場で取り扱われます。

　上場審査はとても厳しいです。上場を希望する企業について、数多くの項目をチェックします。

・会社の帳面はしっかりと作られているか？
・法律は守っているか？
・嘘はついていないか？
・すぐに潰れるような軟弱な会社じゃないか？
・これから先も事業で儲けを出していくことはできそうか？

様々な審査項目を突破することで、やっと上場することができます。

　市場にはいくつかの種類があります。日本国内で一番大きいのは東京証券取引所です。皆さんがよく知っている、有名な会社の株式が売買されています。他にも地方取引所や特定の業種を集中的に取り扱っている市場もあります。

　証券取引所は世界各地にあります。中には海外の市場で日本の会社が上場をしていたり、その逆もあります。

　このように株式が証券取引所で取り扱われるようになった会社を、上場企業（じょうじょうきぎょう）と呼びます。上場企業はその多くが

・知名度が高い
・規模が大きい
・大きな商売をしていることが多い

　そういった理由で、世間的な地位の高い会社とされています。確かに「誰でも知っている有名な上場企業に勤めている人」と「全然知られていない会社に勤めている人」が並んでいると、なんとなく前者のほうが信用できるような気はしてしまうものです（実はどちらの人がより仕事ができるのか、ということとはまったくの別問題なのですが）。

　突然友人から「事業を始めるから出資をしてくれ！！」と頼まれて、ホイホイと対応できる人は少ないです。出資をして（株式を買って）も、相手の商売が結果を出すかどうかはまったくわかりません。友人の始めた会社が潰れてしまえば、株式もゴミと化します。また途中で現預金に戻したいと思っても、その株式を買ってくれる人を探すのは本当に難しいです。

　その点、上場企業の株式は、

市場が開いている時間であればすぐに買うことができ、また手持ちの株式を売ることができます。また比較的規模が大きな企業が多く、すぐに潰れるようなことも少ないです。事業展開に関する資料もそろっていますし、報道等を通じてその事業の先行きを想像することもできます。

もし皆さんがいずれ株式投資をしたいと思う場合、上場企業の株式を売買することが多いのではないかと思います。

4-3. 新規上場：上場するとどういうことが起こるのか？確率はほとんどゼロ。だからこそ当たると大きい！

上場株式に対して、上場していない株式を非上場株式（ひじょうじょうかぶしき）と呼びます。ここまで確認してきたとおり、非上場株式は

・企業の規模が小さく、株式の価値が不安定

・事業の先行きを読むことが難しい

・売買する相手を見つけてくることも難しい

・取引相手が少ないので、適正な価額を決定することも難しい

とこのように、上場株式と比べると投資対象として魅力に欠けます。

しかし、実はこの魅力に欠ける点を逆手に取って、大きな儲けを出そうとする投資手法があります。

また例で考えてみましょう。

Aさんは薬の研究者です。ある難病に関する特効薬の研究をしています。今回、劇的な治療効果が期待できる新薬の開発に成功しました。この薬は世界中で爆発的に売れる可能性を秘めています。

しかしAさんには手元に余裕資金がまったくありません。新薬を大量に生産するためには沢山の設備と人手が必要です。そこで出資を募り、新し

く会社を立ち上げて新薬の生産体制を整えることにしました。

　Ａさんとしては、新しく作る会社はいずれ証券取引所に上場をして色々な人に株式を買ってもらえるようにしたいと考えています。

　あなたは莫大な資金を保有する投資家です。さて、Ａさんの会社に出資をしますか？それともしませんか？

　新薬の開発となると、実際には安全性の確認など様々な問題がありますが、ここでは事例として割り切って読んでください。

　これから会社を立ち上げるのですから、当然その株式は非上場です。皆さんはＡさんから「うちの非上場株式を買ってください！！」とお願いされているわけです。非上場の時点ではその会社の株式は大した価値をもちません。そしてＡさんの商売が上手くいくかどうかは誰にも保証できません（Ａさんは景気の良いお話をするはずですが、そういうお話はその多くが法螺話だったりするものです）。

　しかし、いずれその会社が大きな業績を出し、厳しい上場審査を通過して上場企業になると、どんなことが起こるでしょう？くどいようですが、上場株式は株式投資を行う上でとても便利で魅力的な対象です。つまり、上場した途端に株式の価値がものすごく高くなるのです。

　例えば上の例でＡさんが始める会社の非上場株式を１，０００万円購入したとします。もしその会社の株式が無事に上場できた場合、その株式は数千万円、数億円、場合によっては数十億円という値段で売れる可能性があります。それくらい上場というのはインパクトが強いのです。

　このような投資を行っている人たちをベンチャーキャピタルと呼びま

す。これから伸びていきそうな会社の非上場株式を購入し、上場に漕ぎ着けるまで支援を行い、上場した時点でその株式を売却して大きな利益を手に入れます。

　ベンチャーキャピタルでは、投資先のうち実際に上場まで辿り着くのは数十社、数百社に一社程度の割合だときいたことがあります。それでも、その一社の上場で獲得できる儲けは莫大なので、十分元が取れるのだとか。

　これも一つの株式投資の形です。

　ちなみに、上で紹介したような上場による利益獲得は、自分でお金を出した会社でも可能です。

　Ａさんは結局自分でお金を用意して会社を始めました。その会社の事業は順調に拡大し、無事に上場まで漕ぎ着けることができました。上場後、Ａさんは自分の持っていた会社の株式を市場で売却して、莫大な利益を手に入れました。

　このような事例を、創業者利益（そうぎょうしゃりえき）と呼びます。Ａさんは自分で資金を出して商売を始め、自分で成長させて、自分で上場まで漕ぎ着けました。そのことによって最初に自分で創りだした株式は、莫大な価値を持つ資産に大化けしたのです。

　ここまで書くと、上場とは良いことばかりにみえます。しかし、実際にはそうとも言い切れません。特に事業を経営する立場からすると、上場していると気になることが沢山出てきます。

　市場に株式が流通しているということは、色々な人がその会社の株式を

購入することができるということです。第二章でも確認しましたが、株主
は強い権利を持っています。そして多くの株主は短気です。

　経営者としてはもっとのんびり、腰を据えて商売をしたいのだけどなぁ
…という状態でも「もっと早く成果を出せ！！」「株価が下がった！！ど
うしてくれる！！」「配当をもっとよこせ！！」「お前みたいな奴は経営者
失格だ！！クビだ！！！」等々、たくさんの株主から言いたい放題されて
しまう可能性もあります。

　そこで上場していた株式
について、所定の手続きを
踏むことで非上場株式に戻
すということも可能です。
最近では非上場化を目指す
上場企業も増えてきました。

　株式投資一つで考えても、
様々な人がそれぞれの立場
を抱えているのです。

４−４．クラウドファンディング：新しい出資の形
あなたの夢やアイデアを、だれかに買ってもらおう！

ここまで出資＝株式購入という図式でお話をしてきました。そして株式に
は非上場株式と上場株式があり、投資対象としては上場株式のほうが魅力
的とされていることまで説明してきました。

　ここで、近年一般的になってきた新しい出資の形を紹介します。クラウ
ドファンディングと呼ばれている手法です。

世の中には色々なアイデアを抱えている人がいます。これまで、多くのアイデアはその人の頭の中だけで終わり、日の目を見ることはありませんでした。どんなに面白そうなアイデアでも、それを多くの人に知ってもらい、お金を出してもらうための場所や機会がなかったためです。

　ところがITツールの発展が、その状況を大きく変化させました。ウェブを活用すれば、数千、数万という人たちに自分のアイデアを簡単に披露することができます。そうして多くの人から資金を出してもらい事業を展開し、無事に成功したら何かしらの形で資金を出してくれた人たちにお礼を返します。

　このような資金調達方法をクラウドファンディングと呼びます。従来の出資とは少し異なる意味合いですが、事業に資金を出すという意味では同じことです。

　クラウドファンディングの特徴は、一口の金額がとても少額なことです。一口1,000円といった単位で資金を拠出できるようなものもあります。ほんの小さな金額で出資者として投資ができる、面白い仕組みです。

　クラウドファンディングで取り扱われている商品やサービスには、非常に独特なものや先進的なものが数多く含まれています。これからどんなものが流行していくのか予想する意味でも、眺めているだけで楽しいです。

　ただ、クラウドファンディングは厳密な意味での出資＝株式投資とは異なります。出資者に対して行われるのは「商品が実現した場合の優先購入件」だとか「映画作品の先行上映に招待」といっ

た優遇も多く、金銭的な配当や株式の売却による収益獲得ができないもの
も多いようです。

　とはいえ、新しい資金調達の手段として根付き始めているのは事実です。
ぜひ一度クラウドファンディングで検索をして、どんなものが投資対象に
なっているのか見てください。あるいは、皆さん自身が何か面白い事業の
ネタを思いついたら資金調達に挑戦をしてみるのも面白いかもしれませ
ん。

４−５．Ｍ＆Ａ
会社そのものも買えちゃうんです！

　もう一つ、株式投資で知っておくべき手法を紹介します。Ｍ＆Ａと呼ば
れる方法です。Ｍは Mergers（合併）、Ａは Acquisitions（買収）とい
う意味です。

　通常のお仕事では、会社が何かしらの商品やサービスを生み出し、それ
を売買します。Ｍ＆Ａの世界では、会社そのものを売買してしまいます。

　これも事例で考えてみます。

　ある企業Ａは、建設事業を営んでいます。これまでは大きなビルの建設
を主な仕事として請け負ってきました。
　新たな展開として、住宅や小型ビルなどの建設にも取り組もうと考えて
います。より多くの現場をこなすことで、材料の仕入が効率的になり、値
引き交渉などがしやすくなると考えているためです。

　企業Ａとしては、住宅や小型ビルの現場は、ノウハウが不足しています。
調査をしたところ、Ｂという会社が非常に優れたノウハウを有しているこ

とがわかりました。そこでＡは、Ｂの株式をすべて買い取り、支配下にお
くことに決めました。

＊＊＊

　Ｂ社の株式を買い占めるということは、その所有権を取得することを意
味します。つまりＢ社を買った（買収した）ということです。Ａ社は、購
入したＢ社の優秀な社員や技術を用いて、新しい市場に乗り出していくこ
とになります。

　このように、近年では会社そのものの売買が珍しくなくなってきました。
上記の事例は買収と呼ばれる手法ですが、これ以外に合併と呼ばれる手法
もあります。上の例でいえば、Ａ社の中にＢ社が吸収されるようなイメー
ジです。

　Ｍ＆Ａというと、以前は非常に大きな会社だけがおこなっている取引で
した。これが近年では、中小企業にも広がってきました。試しにインター
ネットでＭ＆Ａと検索すると、大変多くの中小企業が売りに出ていること
がわかります。

　売りに出ている理由は様々です。

・手元のお金がなくなったので、これ以上経営できない
・業績はよいのだが、後継者がいないので事業が存続できない
・海外に転居することが決まったので、会社を売ってしまいたい

　売買金額も様々で、安いもので数百万円くらいからやり取りされていま
す。数百万円は十分な大金ですが、場合によってはとても安い買い物とな
る可能性もあります。その会社が有している、以下のような財産を手に入
れることができるためです。

・既存顧客
・技術やノウハウ
・育成された社員
・信頼

　売りに出ている中小企業の中には、ものすごいお宝企業が眠っているかもしれません。ただ、中小企業の評価は、人に左右されます。見ず知らずの会社をポンと買って、すぐに成果が出ると思うのは、少々考えが甘いです。実際に会社を買って、それを上手に経営するためには、買う人間側にも相当な力量が必要です。

　とはいえ、Ｍ＆Ａサイトを見物するだけなら無料です。社会勉強にもなりますので、ぜひ一度調べてみてください。

＊　＊　＊

　ちなみに、買収や合併とは真逆で、企業が様々な理由で事業部門をわけることがあります。これを会社分割といいます。不動産業と飲食業を経営する企業が、飲食部門だけを切り分けて、別の会社をつくるようなイメージです。

　会社そのものをやり取りする取引は、これからも増加してくると考えられています。細かいところまでは知らなくても構いませんが、全体像についてはなんとなく知っておくと、経済ニュースなどが読み解きやすくなるでしょう。

　また企業売買が増えている背景には、人口減少や少子高齢化の進展による後継者不足、産業構造の変化など、非常に大きなテーマが隠れています。この分野に関する知識を習得することで、より高い視点から社会に関する

考察をすることもできるようになるでしょう。

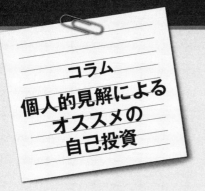

投資はリスクを含む、なので絶対に結果が出るとは限りません。

とはいえ、ある程度結果に結びつけやすい技術はあります。ここでは私自身が学んで、良いと思えたものを紹介します。

○会計学（帳簿の付け方）

いまの日本で暮らす以上、お金とまったく関わらずに生きることは不可能です。会計学は、そのお金がどんな流れをしているのかを把握するための技術です。

日商簿記３級という試験は、その気になれば一ヶ月位で合格レベルまで到達できます。基礎レベルですが、これでも十分に役立ちます。自分が学んでいる知識に付け加えることで、いっきに事業としての対応力が高まる可能性があります。

○読書習慣

古今東西で多くの偉人が指摘していることです。特にオススメは、ジャンルを決めずに読むことです。気になったものは、サラッとでも良いので読んでみてください。

○宗教や哲学

不安定な時代と言われ始めて久しいですが、何時の世も人間は自分の生き方に迷うものです。

宗教や哲学というと、敬遠される方も多いかと思います。しかし、これらは人が生きるための指針を作るものです。特に日本では、あまり意識しないまま、生活の端々に色々な宗教や哲学が影響していると言われています。

実際に信仰をもったり、その考え方を守り通すかどうかは別のお話として・・・宗教や哲学について学ぶことは、これからの世界で、とても大切なことだと思います。その上で、もし「勝手に縛られていたもの」に気が付けば止めれば良いし、「取り入れたいと思ったもの」があれば人生に組み込んでみればよいかと。

　ちなみに「自分は無宗教」と答えると、信じる指針がない人間として信用してもらえない、という国が世界中に存在します。そういう基礎的な知識も含めて、入門書でも構わないのでご一読いただくことをオススメします。

○からだに関すること
　人間は生きていく中で、本当に多くの癖や習慣を身に付けていきます。それらの癖・習慣は私たちの行動パターンや思考方法にとても大きな影響を及ぼします。
　それらに気づくだけで、色々なことが楽になったり、新しい世界がみえるようになることは珍しくありません。

　学ぶ形は数多くあります。わたしは歌、舞台表現、武術などを通じて、自分のからだと対峙する時間を確保しています。また、いわゆるボディワークとよばれる分野にも関わっています。立廻剣術（チャンバラ）も嗜んでおり、いまは指導員資格の取得を目指して稽古をつんでいます。

　私がからだのことを学び始めたのは、３０歳を超えてからです。気が付けば１０年以上経ちましたが、ここ数年は常に「いまが人生で一番動ける感じ」を更新しています。もし、からだの不調を感じながら生活をしていたら、きっといまのように楽しい人生は送れていないでしょう。

　ぜひ、からだが発している快、不快に対して、繊細になってください。

○非営利組織やイベントの運営

　本書ではどうしてもお金に関する話題が中心になりますが、お金だけでは解決できないこともあります。地域の人々とのつながりや行政との協力など、多くの人や組織の力を借りなければ解決できないことが、山のように存在しています。

　非営利組織（ボランティア団体）や趣味のグループ、イベントの運営は、そういうことを学ぶのにとても良い機会です。お金で解決できない分、ある意味では会社の運営よりも難しかったりします。そこに集う人々は、熱い情熱をもってその活動に関わっています。その人たちを納得させ、どのように活動を盛り上げていくか。その人の手腕が問われます。

私自身が市民活動にかかわり、色々な技術や知識を学んだことについては、すでに触れました。皆さんも、なにか興味をもてる活動があれば、ぜひ積極的に関わってみてください。

5－1．先物取引　危ない取引の代名詞？実は 日々の生活にも大きく影響

不動産、貸付、出資という代表的な投資手法を確認しました。

最近ではこれ以外にも、様々な投資商品があります。代表的なものを紹介していきます。

まずは先物取引です。

投資としての歴史は古く、日本では江戸時代に大阪で始まりました。

先物取引とは「将来、この値段でその商品を売買する権利」のやり取りです。ここでも具体例で考えてみます。

・いまから半年後にお米を1kg当たり1,000円で買う予約をする

あなたが100kg分の予約をしたとします。そして半年後、お米の値段は一キロ当たり1,200円でやり取りをされていました。

世間では1,200円でやり取りされているお米を、あなたは1,000円で買うことができます。つまり1kg当たり200円の儲けを出すことができます。それを100kg分持っているわけですから、あなたは20,000円の儲けを出すことができます。

もちろん、逆もありえます。もしお米が1kg当たり700円でやり取りされているとしても、あなたは事前の約束通り、1,000円で買わなければなりません。あなたは300円の損を100kg分、つまり30,000円の損をすることになります。

＊＊＊

元々、先物取引は事業上の保険として利用されていました。例えば上記のお米を例にとってみましょう。半年後にお米が大量に必要なことはわ

かっている、しかしその時にどんな値段でお米を買うことができるのかは
わからない。米の購入価額がわからないと、どうやって仕事をしていくの
か、計画を立てることが難しくなります。

　そこで、予め１，０００円で１００㎏のお米を買うことができる予約を
しておけば、とりあえず先行きは読みやすくなります。そういう安心を手
に入れるために利用されていたのが、先物取引です。

　先物取引というとお米や豆、果物などの食料や金属、原油といった生活
必需品を対象にしていることが多いです。先物取引の由来が、上で紹介し
た保険であるため、多くの人がやり取りをする生活必需品がその対象に
なっているのです。ちなみに、食料や貴金属、燃料などをあわせて「商品
市況」と呼んだりします。

　とはいえ、商品を中心とした先物取引は、今となっては生活必需品確保
のための保険というよりも、ハイリスクハイリターンの博打のような投資
と言われています。気軽に手を出すと大怪我をしますが、その動向につい
ては、知っておくと色々役に立ちます。

＊＊＊

　先物取引には様々な人の思惑が表現されます。例えば小麦について、将
来やり取りされる金額が高くなる、という先物取引が増えているとしま
しょう。これを少し別の表現で言い換えると

・将来小麦が高騰するだろう

と考えている人もいれば

・小麦の値段を釣り上げて、一儲けしてやろう

という人たちもいるのです。つまり「高くなるから権利をもっておこう」ではなく「高くするために煽っておこう」ということです。

　また、商品市況には世界経済の状況も大きく関わってきます。

　２１世紀に入って、これまで発展途上国と呼ばれていた国々の経済が大きく成長してきました。代表的な国は中国です。いまや中国の経済成長は、世界経済の先行きを左右するとまで言われています。

　経済が豊かになってくると、その国の人々は色々なものを欲しがるようになります。その結果、食料品や貴金属、それに石油といった燃料の価額があがっていくのです。２０１０年前後くらいまで、その傾向が顕著でした。

　しかし、２０１５年くらいからは中国の経済について、先行きを不安視する意見も増えてきました。また、それまで中東地域に集中していた石油について、アメリカで起こったシェールガス革命で状況が一変しました。すごく簡単にいうと、以前ほど石油が貴重ではなくなったのです。

　こういった事情もあり、商品市況は一時期ほど盛り上がっていないようです。とはいえ、世界的にはまだまだ人口が増え続ける見込みです。商品に対する需要が高まり続けることで、資源の奪い合いが発生するとも言われています。

そういう大きな思惑を知るためにも、先物取引市場はよい教材となっています。実際に先物取引に手を出す必要はありませんが、現在、どのようなものがどんな値動きをしているのか、については知っておいて損はないでしょう。

５－２．オプション取引　人の思惑に値段をつける！金融投資でも最高峰の難易度

　次にオプション取引です。これは先ほどの先物取引と親戚関係にあります。先ほどの例で考えてみましょう。

・先物取引：半年後に１ｋｇ当たり１，０００円で米を買う予約をする
　この場合、仮に半年後の値段が７００円だったとしても、その人は１，０００円で米を買わなければなりません。

・オプション取引：半年後に１ｋｇ当たり１，０００円で米を買える権利を５０円で買う
　オプション取引では、権利を購入します。もし半年後にお米の値段が１，２００円であれば

　１，２００円　－　１，０００円　－　５０円（オプション取引分）＝１５０円の儲け

　５０円は、権利を購入するために使った費用なので、帰ってきません。そしてもしお米が７００円でやり取りされている場合には

「やっぱりこの権利は使いません！！」

　ということで放棄をすることができます。この場合、発生する損失は

５０円に限定されます。

　先物取引はそもそも保険として発生した方法でしたが、オプション取引はその保険の保険として発生した投資手法です。

　このオプション取引におけるポイントは、５０円という取引価額の決定です。この価格を決めるに当たっては、金融工学と呼ばれる学問が必要になります。興味がある人は勉強してみてください。
　一つだけ知識として。オプション取引ではボラティリティという数値がとても重要です。簡単に言い換えると

・多分、これくらい荒れるんじゃないかなぁ？

　という皆の感想を数値化したものです。ボラティリティの数値が高い時には、それだけ市場が荒れることを予想している人が多いことになります。

　オプションは先物取引以上に複雑です。気軽に手出しはできませんが、やはり人の思惑を勉強するためにはとても良い教材となります。

５－３．外貨建て投資　お金の強さは国の強さ！
・・・でも、理屈で動かないことも

次は外貨建て投資です。
　皆さんも社会科で勉強しているかと思いますが、お金もまた価値が変動します。ニュースでも毎日「本日の為替相場は１ドル＝１０８円５０銭」といった為替相場のニュースが流れています。

　例えば１ドル１００円のときに１００ドル（１０，０００円分）両替

しておきます。そして１ドルが１２０円になった時点で日本円に戻せば
１２，０００円になります。これが外貨建て投資の基本的な考え方です。

　１ドル１００円と１ドル１２０円では、どちらのときの方が円は強いで
しょうか？正解は１ドル１００円のときです。同じ１ドルを手に入れるの
に、１００円と１２０円では１円当たりの価値が違います。より少ない日
本円で米ドルが買えるときの方が、円は強い状態だと言えるのです。

　為替相場の基本は国力だと言われています。これから力を持つ国のお金
は強くなり、衰退する国のお金は弱くなります。

金融投資の世界には「有事の円書い・金書い」という言葉があります。例
えばどこかで大規模な戦争が起こりそうになると、比較的安定度が高いと
いわれている、日本円と金（ゴールド）を買っておく、という傾向です。
この場合、円を買う人が増えるので円高に動きます。

日本国内にいると、日本という国がそれほどの国力を有しているとは、中々
実感できないのが正直なところではないでしょうか。しかし、実際に金融
投資をしている人たちの中には、円は安全資産、つまり日本という国は安
泰だ、と考える人が一定数いる、ということを意味しています。

これとは逆に、世界経済が良い状態にあると思われるときには、円を売っ
て他の外貨を買う人が増えます。つまり円安に動きます。金利の低い円を
売って、金利の高いドルなどを買うことで、儲けを出すことが可能なので
す。

　　＊＊＊

　一応、ここまでは理屈で説明がつきます。しかし、為替の世界はときに
理屈を超えて激しい値動きをみせます。特にどこかの国で信用不安がおき

117

たようなときには、想像もしなかったような変動が起こったりします。

日本円も同様です。最近では日本という国に対する信用度が、以前よりも下がっているという指摘もあります。膨大な国の借金。世界でも類を見ない少子高齢化。これらを背景に、日本円の価値が暴落するのでは？という分析をする人も増えています。

その一方で、日本の財政はまだまだ大丈夫だ、という分析をしている人もいます。最近ではＭＭＴ（現代貨幣理論）と呼ばれる学問が話題になっています。その理論を信じるとすれば、日本の財政状態は「問題なし！」と言ってしまっても構わないようです。それであれば、円の価値は保たれる、と考えるべきでしょう。

＊＊＊

経済学というと「すごくしっかりした学問」だと思われがちです。しかし、実際には不明瞭な部分もたくさんあります。最後には「その人が何を信じているか」「大多数の人がどのように判断するか」という、感情や雰囲気で動くことがめずらしくありません。

貨幣の値動きは、その最たる例といえます。「世界情勢はこうだから、値動きはこうなるはずだ！」と断言できるほど、わかりやすく動いてはくれないのですね。

＊＊＊

なお、近年一般的になってきた外貨建て投資の方法として、ＦＸと呼ばれるものがあります。これは外貨建て投資と先物取引を、部分的に足し算したような手法です。リスクとリターンの関係を比較的制御しやすいことから、人気が出てきました。

　手軽になり、投資をしやすくなった結果、損失を抱えた人が多数発生したのも事実です。またＦＸとは異なりますが、仮想通貨と呼ばれる投資対象も一般的になりました。一時期はテレビＣＭなども多数行われていましたね。

　お金がお金を生む。為替相場は金融投資の特徴がいちばん色濃く出ています。

５－４．投資信託・ラップ口座　面倒なことは考えたくない！それならプロに任せちゃおう！

　金融投資の方法をいくつか確認してきましたが、なんだか面倒くさいと思いませんでしたか？そんなに多くのことを考えなければ、投資というのはできないのか、と嫌になってしまいそうです。

　また、自分一人のお金でできる投資には限りがあります。例えば不動産

に投資したい、と思っても巨額の資金がなければできません。かといって、借金をしてまで不動産を買いたいとは思わない。少しの金額だけで不動産投資に挑戦したい…といった要望が増えてきました。

　そういった中で近年流行してきたのが、投資信託です。投資信託の特徴は

・基本的な運用はプロが担当する
　皆さん自身で複雑な判断をすることはありません。「日本の株式に投資します」「不動産に投資します」といった大まかな方針だけを決めて、細かな話はプロが考えます。皆さんが支払ったお金で運用され、一部はそのプロの報酬として持っていかれます。

・沢山の人からお金を集めて運用できるようにする
　一人から預かるお金は少なくても、大勢の人が集まれば金額が大きくなります。そうやって資金を集約させて、個人ではできないような投資を行います。

　１０年ほど前から、投資信託の販売はかなり普及してきました。また近年では、投資信託の販売窓口が拡大しています。銀行などの窓口でも投資信託を買えるようになりました。設定されているテーマも多様化しています。

　その一方、手軽に買えてしまうがゆえに、その内容についてよくわからないまま買ってしまい、大きな損失を抱えるといったトラブルも続発しています。投資信託の場合、複数の投資対象が組み込まれていることも多く、しかも運用はプロが代行していることから、購入した人からは値動きの理由がわかりづらくなっています。

＊＊＊

　もう一つ、本当に面倒くさい人にはラップ口座という投資もあります。

　これはもう本当にお金を預けておくだけです。あとは銀行なり証券会社なりのプロが投資対象から何からすべて選定して運用します。以前はお金持ちの人だけが対象でしたが、最近ではかなり少額のラップ口座も増えてきたそうです。

　投資信託にしろ、ラップ口座にしろ、プロが運用をしているのだから安心だ、と思うのは早計です。バートン・マルキールの『ウォール街のランダム・ウォーカー』（日本経済新聞出版）という有名な本があります。この本の中では

・運用のプロがおこなった投資
・猿がダーツを投げて選んだ投資

　この２つで、投資の成果に大差がなかった、という実験結果が紹介されています。未来予知ができない以上、どれだけ投資に精通していても、安定的に利益を出すことは難しいのです。

　また、運用をまかせるための手数料もそれなりに発生します。他人任せにする以上、仕方のないことではありますが。

５－５．次々と出てくる金融資産：
複雑化する商品と向き不向きの問題
知っていることと実際に投資をすることは別！

　他にも本当に色々な金融投資の方法が出てきました。その大まかな傾向
として

・ハイリスクハイリターンを狙う商品がかなりある
・投資の手法がどんどん複雑化している

　ということがいえます。そして複雑であるということは

・何が起こるかわからない

　ということです。

　２００７年ころ、全世界でサブプライム危機という騒動が起こりました。
サブプライムローンという住宅ローンに絡む金融投資で大損失が発生し、
アメリカでは一部の大手投資組織が倒産しました。

　このときに問題となったのは、このサブプライムローンに関する金融商
品が複雑すぎたことです。一体どこで、どれくらいの損失が出ているのか、
誰にも実態がわからないという異常事態が発生しました。

　投資のプロと呼ばれる人たちが右往左往して、一晩の内に数千億、数兆
という損失が顕在化していきました。皆さんがテスト勉強をしようにも、
試験の出題範囲がわからず、何を勉強すれば良いのかわからないようなも
のです。プロといっても、実際にはその程度の適当さで行われている金融

投資が数多くあるということです。

　もし皆さんが金融投資をするのであれば

・説明を聞いてみて、きちんと理解、納得できるもの

　に対して行うことを強くお薦めします。

　そして金融投資には向き不向きもあります。

私はこの本で紹介した投資手法のうち、株式投資・先物取引・オプション取引・ＦＸ等々、とりあえず手当り次第にやってみました。生活に必要な資金を確保した上で、何事も勉強と思い、挑戦してみました。

　結論：私は金融投資に向いていないということが、よくわかりました。

　あ～根っからの小心者だな～ということを嫌というほど実感しました。株価や先物取引、為替相場の上下動が気になってしまって、夜眠っていても目が覚める始末。
　これは健康に悪いな…とある日決断し、ある程度利益が確保できた時点ですべての投資を手仕舞いにしました。

　色々な金融投資の方法を紹介はしましたが、知った上で「やっぱり投資しない」というのも立派な決断です。金融投資を通じて、ご自分に対する理解を深めて頂ければ幸いです。

５−６．金融資本について知っておくべきこと
大きな力に翻弄されないために

　ここで余談として、世界経済における金融の位置づけを確認してみましょう。

　世界には２つの経済があります。実体経済と金融経済です。本書でいえば第二章で取り上げたのが実体経済、第三章で取り上げているのが金融経済です。

　ここで問題です。実体経済と金融経済では、どちらのほうが多くのお金が動いているでしょうか？

　正解は金融経済です。その量は実体経済の数倍、数十倍とも言われています。

私たちの生活の基礎となる色々なものは、様々な人が事業をしてくれているお陰で成立しています（道路、学校の校舎、毎日の食事、着ている服等々）。
　しかし、実はその数十倍もの「お金がお金を生むための経済」が存在するのです。いまこの瞬間も、私たちの頭の上を目に見えないお金がヒュンヒュンと飛び交っています。

　先ほど、金融投資を行うか否かは、個人の向き不向きで考えても良いとご紹介しました。しかし金融経済について無知で良いとは思いません。
　市場は思惑で動くというお話を何度かご紹介しました。これは金融市場全体について言えることです。巨大な資本の思惑一つで私たちの生活は激変するのです。

　生活が苦しくなっていくことに対して、文句をいうことは簡単です。し

かし自分なりの軸を持ち、思惑に左右されない人生を歩むには、金融経済を無視するのは得策ではありません。

　そして、実際に金融投資を行う際にぜひ知っておいて頂きたいことが一つ。
　それは

・個人投資家は巨大資本には絶対に勝てない

という事実です。
　例えば株式を買うときのことを考えてみます。
あなたと巨大資本が同時にある会社の株式を買おうとしているとします。そうなると必ず巨大資本の方がより有利な条件で株式を買うことができるのです。

現代の金融投資では、巨大資本が超高速なコンピュータを使用して市場を牛耳っています。ゲームで言えば、こちらが一回行動する間に、相手は１０回、２０回と行動しているようなものです。そのため、戦う回数が増えれば増えるほど負ける数が増えていきます。

　では個人が金融投資をする意味はないのでしょうか？そうとも言い切れません。

　一般的な意見として、個人投資家は長期間に渡って投資をした方が有利と言われています。一回ずつの戦いでは負けても、長い時間をかけて戦い続ければ勝つことができるという考え方です。

　巨大な資金を運用する投資家は、常に一定の期間で成果を出すことが求められます。それができなければプロ失格だからです。

その点、自分で投資をしている限りはそんなこともありません。１０年、２０年と時間をかけてのんびり投資を行うことも可能です。

　長期投資の有利性は個人投資の世界でよく指摘されるお話です。ただし絶対の真実という訳ではありません。現に私は

・長期間に渡って金融投資をすることによって得られるであろう利益
・長期間に渡って金融投資をすることで受ける大きなストレス

　この両方を比較した時、後者をなくすことの方が大切だと決断しました。実は現在でも別の形での投資は続けていますが、そこではストレスがかからないように極力配慮しています。

　若い内に金融投資について一考することは、とても価値があります。くどいようですが、検討した上で投資しないことも立派な決断です。ぜひ一度考えてみてください。

５－７．人工知能と共感性欠如、行動経済学
冷静だったり、情に流されたり、案外とバカだったり

　もう一つ、金融投資に関わるお話として人工知能を取り上げておきます。理由は「人間性の豊かさ」が、投資の業績においてはマイナスに働く可能性があるためです。

　これも有名な実験です。複数の人を集めて投資をしてもらい、その結果を比較して優劣を決めるというゲームです。その中で、優秀な結果を出した人の中には、いわゆる共感性欠如の傾向を有している人が少なくなかっ

たそうです。

　相手に共感せず、冷徹に自分の利益のみを求められる人の方が、投資の成果を出しやすい、ということを意味します。

　そのような傾向をもつ人については、医学的に様々な用語があるようです。比較的有名なところだと、サイコパス的傾向という言葉でしょうか。

　人間同士の交流という意味では、共感性の欠如は大きな問題となりやすいです。その一方で、こと投資運用の世界では、そういった人の方が結果を出せるかもしれない。これは多くの学びを含んだお話だと思います。

　ちなみにサイコパス的傾向については、海外の軍隊が「戦場で兵士を効率的に運用するための方法」としても研究されているそうです。相手に対する共感性を排除し、効率的に敵を排除し、じぶんは生き残る。怖いお話ではありますが、戦場という究極の現場で、そういうことが考えられているというのは、印象的です。

＊＊＊

　人工知能であれば、いわゆる人間的な情緒に惑わされず、冷徹かつ合理的に、最適な投資方法を探し出すことが可能です。そんな事情もあり、人工知能の発展と金融投資には、大きな関連性があります。「どうすればより効率的に儲けることができるのか」という飽くなき人間の欲望が、人工知能の発展を後押ししているともいえます。

　もちろん、そういう理由のみで研究がされているわけではありません。人工知能の研究を進める中で、あらためて「人間とはなにか」を問い続けている人もいます。そのような流れの中で、少し前に紹介した「宗教や哲学」「からだ」について学び始めている人も増えています。

＊＊＊

　また、人工知能の発展は「人間とおなじ能力をもつ知能をつくりだす」こととは異なる、という意見も増えています。人間には人間の、人工知能には人工知能の長所があり、それぞれが互いを補いながら発展をしていく。それが人工知能の目的だという考え方です。

例えば災害現場での対応。平均的な共感能力を有する人間では、目の前で起こっている惨状や個人的思い入れがあって、決断力がにぶってくることは仕方がないことです。一方、人工知能のもとでは、様々な事情に左右されず、より効率的に救助活動を展開することができる可能性があります。

ちなみに、世界的な評価を受けているような企業経営者の中には、共感性のない人が少なくないと言われています。他者の意見に同調し、空気を読むようなタイプでは、大企業を経営することは難しいのでしょう。

皆さんの周囲にも「空気の読めない、協調性のない人」はいると思います。あるいは自分自身にその傾向があると、なんとなく感じている人もいるかもしれません。実はそういう人たちも、適切なポジションにいられれば、とても大きな成果を出せる可能性があるのです。

＊＊＊

トリアージという技術をご存知でしょうか？災害現場において、救急隊員が要救助者に対して貼り付けるタグです。「もう手遅れなので後回し」「すぐに取りかかれば助けられるかも」「まだ頑張れそうだから、少し待ってもらう」といったことを、その場で即座に判断し、タグを貼り付けていくのです。

救急救命という極限の現場では、「相手をなんとしても助ける」という強い意志と同時に、「いかに効率的に立ち回るか」という合理性も求められます。そのためにトリアージという考え方は生み出されたそうです。

医療という命を取り扱う現場では、ときに厳しい判断を迫られることもあります。そういうときの判断基準こそ、本当に合理的で、平等なものでなければならない、というのは納得できるお話です。もちろん、現場でトリアージを行わなければならない方々のご苦労は、あまりにも大きなものかと思いますが・・・

＊＊＊

　もう一つ、行動経済学という学問についても少しだけ触れておきます。すごく簡単にまとめると

・人間は、けっこうバカだ

　ということを研究している学問です。昔からある経済学では、人間は利口で、合理的な行動しかしないことを前提としていました。ところが、どうも実際にはそうならない。それはなぜなのか？ということを考える学問です。第一章で取り上げた「サンクコスト」の考え方などは、行動経済学の世界で提唱されたものです。

行動経済学については、入門書でかまわないので一冊読んでおくと、自分や他人のおバカな行動も、仕方がないことなのかな・・・と思えるようになるかもしれません。

　また、一般的には「選択肢が多いことは幸せなことだ」とされています。しかし、シーナ・アイエンガーの『選択の科学』（文藝春秋）という本では、選択肢が多すぎると幸福度が下がるという研究結果も発表されていま

す。メニューが豊富すぎるお店にいくと、何を頼んでよいのか悩みすぎて、結局満足度が下がるのではないか？というようなお話です。

　人生はトレードオフの連続です。何を、どのような姿勢で選んでいくのか。そういう基本部分がしっかりしていると、ストレスがとても軽減されます。

　ちなみに私は、料理のメニューで迷うときは、どうせどっちを頼んでも、頼まなかった片方が気になるのがわかっているので、5秒以上は考えないようにしています。

＊＊＊

　繰り返しになりますが、金融投資には向き不向きがあります。すべての人が向いているとはまったく思いませんし、中にはすごく向いている人もいます。実際に金融投資をするか否かは、個々人の好みや相性に応じて決めてください。

　しかし、直接、または間接的に関係する学問や技術、考え方の中には、皆さんの人生を豊かにしてくれるものも存在します。その意味で、色々と勉強をしてみるのは面白いと思います。

6－1．保険：実はこれも金融投資の一つ
転ばぬ先の杖！みんなで助け合う仕組み

　金融投資について具体的な投資方法からその背景まで確認してきました。本書の具体的なお話の締めとして、保険について取り上げてみます。

　皆さんは保険というものが、なんのためにあるかわかりますか？保険は

・転ばぬ先の杖

です。またここで株式会社ひらめきに登場してもらいましょう。

　順調に事業を展開している株式会社ひらめきですが、一つ懸念があります。それはあらゆる面において経営者である私に負担が集中していることです。もしここで私が交通事故で死ぬようなことがあれば、おそらく株式会社ひらめきは大混乱に陥ります。そうなってしまうと、会社が抱えた借金や社員へのお給料はどうすれば良いのでしょうか？

　そこで登場するのが保険です。私に万が一のことがあった場合、一定の保険金が会社に入ってくるよう、保険料を支払っておきます。何事もなければ無駄に終わりますが、保険によって大きな安心を手に入れることができます。

　これは家庭でも同じです。一家の稼ぎ頭に万が一のことがあったとき、ある程度のお金が入ってくるよう保険に加入しているケースはよくあります。

　このように、保険とは保障（ある水準を守るような予防策）を目的として加入するものです。

＊＊＊

　ここで保険の仕組みについて大枠の勉強をしましょう。保険とは大数の法則（だいすうのほうそく）で成立しています。

　例えばサイコロを一回振って１の目が出る確率はいくつでしょう？正解は１／６です。
　それでは６０回サイコロを振ったら、本当に１の目は１０回出るのでしょうか？実際には１０回とはならないでしょう。６回のこともあれば、１５回のこともあるでしょう。

　それでは６，０００回振ったらどうでしょう？なんとなく１，０００回に近づく気がしませんか？６００，０００回振れば、多分１００，０００回くらいになるでしょう。

　このように、少ない回数ではバラツキがあることでも、回数を重ねていくと少しずつ理論通りに収まっていくことを、大数の法則と呼びます。数学でいえば、統計学と呼ばれる分野です。

「年齢が２０代の男性、過去に事故歴はなく免許の色がブルーだとすると、多分これくらいの確率で事故を起こすだろう」ということは、大数の法則を利用すると、その危険性がなんとなく把握できるのです。

　実際には２０代の男性だって、運転が荒っぽい人もいれば大人しい人もいるでしょう。しかしそういう個々の事情を考えるより、大数の法則で集まった基準にしたがって設計した方が、保険制度としては間違いがありません。

＊＊＊

　保険の大枠は

・皆でお金を出し合って
・一定の確率で起こる事故について
・皆で保障しあおうよ

　という、お互いがお互いを助けあうという仕組みで成立しています。

　実際には、保険会社という組織が、皆からお金を集めて保険を運営します。そして保険会社は、皆からあつめたお金を会社で放っておくわけではありません。色々な形で金融投資を行い、利益を得ています。

　得られた利益も含めて、保険会社は保障制度をまもっています。扱っている金額も非常に大きいことから、保険会社は金融市場における巨大プレイヤーとして君臨しています。

　つまり、皆さんが保険に加入することで、保険会社を通じて、間接的に金融投資をしているのです。

＊＊＊

　そして時代が進むにつれて、より積極的に利益獲得を目指す保険も増えてきました。最近の保険商品では、保障をしたいのか、運用をめざしているのか、よくわからないようなものも増えています。外貨建て保険とよばれるようなものだと、もはや投資信託とあまり変わらないようなものもあります。

　また保険は税金と大きな関係があります。これはとても難しい話なので簡単に知っておけば十分ですが、保険の中には、加入することで税金が安

くなるものがあるのです。支払う税金が減る、というのも一つの金融投資です。

このように、保険には保障と投資という２つの側面が求められています。金融投資の中でも、かなりの変わり種といえます。

そのため、本来であれば「保障をしっかりとしたかった」にも関わらず「運用の側面が強い保険に入ってしまう」という事例も、たくさん出てきています。いまの自分にどんな保障が必要で、そのために適切な保険はどんなものなのか？についてしっかりと確認する必要があります。

６−２．年金：保険の中でもかなり特殊なもの　ご長寿時代の必需品！

そして保険の中でも非常に特殊な分野が年金です。おそらく皆さんも年金という言葉は聞いたことがあるでしょう。

先ほど保険は「転ばぬ先の杖」と言いました。年金は

・長生きした時のための保険

です。
現代の日本では、お金がないと生活していくことが難しいです。しかし高齢者になってくると、若い時と同じように仕事をしてお金を稼ぐことが難しくなってきます。

　そこで保険の発想法です。

・皆でお金を出し合って
・一定の確率で起こる長寿について
・皆で保障しあおうよ

　これが年金の基本設計です。高齢化して以前のように働けなくなっても、ある程度の生活ができるように皆で支えあうことを目的にしています。

　支え合いですから、得する人もいれば損をする人もいます。

・若い人から高齢者へ
・お金に余裕のある人から余裕のない人へ

　このような考え方を基にして年金はできています。

　現在の日本で問題になっているのは、このバランスの崩れです。少子高齢化が進んだことから「若い人から高齢者へ」という流れがきつくなってきたのです。この流れを変えるためには

・若い世代を増やす
・高齢者の収入を減らす
・働き続ける年齢を引き上げていく

　といった具体的な行動が求められています。近年の選挙では、この年金に関する問題が常に話題となっています。

　年金も保険の一種ですので、大きなお金を集めて運用がされています。実は自分自身では金融投資を行っていない人でも、年金保険料を支払っていたり、年金をもらっている場合には、間接的に金融投資を行っているこ

とになります。

　年金組織の金融投資が上手くいけば皆がもらう年金は安泰でしょうし、失敗をすればもらえるはずだった年金ももらえなくなるかもしれません。

＊＊＊

　年金は成人になったら加入が義務付けられています。ですので、皆さんも数年後には年金という仕組みに加入します。加入する年金にはいくつかの種類がありますが、この本ではそこまで取り上げません。

　また一部では任意で加入できる年金があります。自分で積み増しができる年金です。将来の年金収入を増やすために、若い内に積み増しをしておくのです。
近年では確定拠出年金（かくていきょしゅつねんきん）という仕組みが、かなり拡充されてきました。自分で投資商品を選び、運用をして、将来年金として受け取るという仕組みです。考え方としては「投資信託による金融投資」とおなじなのですが、それを年金制度として整備しています。

　それと税制について。年金は多くの皆さんにとって、生活に直結する大きな問題です。そのため、税金においても優遇されています。それほどたくさんの税金がかからないように、税法が設計されています。

　中学生、高校生のうちから年金について考えるのは難しいかもしれませんが、実は皆さんにも大きな関わりがあるお話です。少しでも興味を持ってもらえたら幸いです。

第三章の
まとめ

○金融とはお金のやり取りを通じて
　「お金を働かせてお金を増やす活動」のこと

○金融投資では大きなリターン（回収）が
　欲しければ大きなリスク（不確実性）を
　取る必要がある

○金融投資の中には、他人からお金を借りてまでやっているような
　ものもある

○不動産投資では誰かに貸し付けるか売却することによって回収を行う
　貸付は長期間をかけて、売却は短期決戦であることが多い

○不動産投資では資金源に借金を利用することが多い
　そして上手な投資をするためには初期投資額が
　あまり大きくならないほうが好ましい
　また不動産は所有しているだけでかなりの維持費用がかかる

○不動産投資では物件の人気度がとても重要
　人気がある不動産なら貸付でも売却でも有利な状況が作れる
　物件単独の人気だけでなく、街単位での人気度も重要である

○不動産投資は相続税対策として利用されることも多い

○貸付による投資は、貸した相手から利息をもらうことでリターンを得る
　貸付は長期間に渡って行われることが多い

○相手に直接お金を貸す方法は
　・途中で現金化が難しい
　・相手の信用力調査などが難しい

こういった理由で簡単にできるものではない

○貸付では信用力が重要である
　信用力があれば
　・沢山借りられる
　・有利な条件で借りられる
　といった様々なメリットを得ることができる
　あえて信用力が低い相手に対して貸し付ける（大きなリスクを取る）
　ことで大きな回収（リターン）を狙うこともできるが、
　その分踏み倒される心配も大きい

○金利は景気が悪いと下がり、景気が良いと上がる傾向にある
　国の信用度が下がるような状態になると金利が上がることもある

○国債や社債などの債券という商品を購入することで貸付による投資を
　行うことができる
　現金化が比較的楽で、利率なども自分で考える必要がない

○出資をするということは「株式を買う」ということと
　ほぼ同じ意味である
　株式を持っていることによって
　・配当金をもらう権利がある
　・株式を売って利益を出す
　２つの方法が考えられる

○配当金は株式を発行した会社がどれくらいの利益を出したかによって
　変動する

○株式の売買において難しいのは取引相手を探すことである
　その条件を緩和できるのが上場である

　上場株式の売買であれば、取引相手をすぐみつけることができる

○上場株式は投資対象として非上場株式よりも魅力的である
　あえて非上場の株式に投資を行い、上場をさせて利益を出す方法がある
　また上場時に会社を始めた人が創業者利益を手にすることも多い

○事業をしている立場からすると、株主が沢山いる状態は面倒でもある
　最近では上場企業が非上場に変更する例も出てきた

○クラウドファンディングという新しい出資の形が出てきた
　従来の出資による投資とは形式が異なるが、新しい資金集めの方法として注目されている

○M＆Aという、会社そのものの売買も増加している

○先物取引、オプション取引、外貨建て投資、投資信託、ラップ口座など投資手法は沢山ある
　どれくらいのリスクを取って、どれくらいのリターンを狙っているのかきちんと理解してから投資を行うこと

○実体経済と金融経済では後者のほうが遥かに巨大
　金融経済の動向次第で私たちの生活は大きく変動する

○個人投資家は巨大資本には単発勝負で勝つことはできない
　高速化、巨大化する取引手法に対して、個人は別の軸を持つ必要がある

○知った上であえて金融投資を行わないことも立派な選択の一つである
　ただし、金融市場の動向には注意を払っておいた方が良い

○金融投資を行わないとしても、そこに関わる学問や技術には有用なもの

も多い

　実生活で使えるものも多いので、勉強をしてみるのはオススメ

○保険は金融投資の一種である

　不慮の事態に対する保障が目的だが、加えて運用の姿勢が求められることも多い

○年金は長寿に対する保険である

　世代間および余裕がある人とない人の間で助け合う相互扶助の仕組みでできている

　日本では少子高齢化などの影響で将来の先行きが不安視もされている

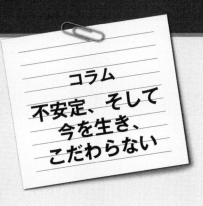

「いつくは死ぬる手なり」という言葉があります。宮本武蔵が五輪書において書いたものです。

　　いつく＝安定するという意味です。つまり「安定すると死ぬよ」ということです。

どちらかというと、人間は安定を求めます。しかし安定している状態というのは、どっしりとしているということです。もし斬り合いの場において、どっしりと立っていたらどうでしょうか？

どっしりしていれば、それだけ身動きは遅くなります。まちがいなく、相手に斬り伏せられてしまいます。

つまり生き残りたければ「不安定でいろ」ということです。これは多くの事業経営においても指摘されていることです。

自社事業の永続性や強みを疑い、常に改良を続け、競合他社の動向にアンテナを向け、金融の風向きを読み、行動を常に変化させ続ける。成長できる会社の行動は、安定とは程遠いところにあります。

＊＊＊

禅（ぜん）というと、皆さんは何を想像しますか？おそらく「無心」「精神統一・集中」といった言葉が出てくるのではないかと思います。

私なりに説明をすると、禅は次の2つが大きな特徴です。

・いまを生きる
・こだわらない

人間はとかく過ぎた過去に思いを馳せ、起こってもいない未来に思いを跳ばします。しかし、大切なのはいまここをしっかりと生きることです。

　あのときの怒りや幸福を思い出しては酔いしれ、まだ起こってもいない困った事態を心配し、気が付けば何もしていない。これがどれだけ非効率的なことか、冷静になって考えてみればわかることです。

　例えば食事。
塩気は、歯ごたえは、暖かさは、そしてどんな素材が使われていて、誰が作ってくれたのか。そういうことに気持ちを向けて、目の前の料理をしっかりと味わうこと。これも禅の一つの側面といえます。

　そしてこだわらない。「あ～まぁ・・・こうなったのかぁ・・・」と受け入れること。
とても残念なことに日本では自殺者が本当に多いですが、その理由の一つに「こだわり」があります。自分はこうであらねばならない。社会はもっとこうなっていかなければならない。その強いこだわりが心身を痛めつけ、最後には自分自身に死をもたらすことになります。

事業でも金融でも、そして人生そのものにおいても、一番大切なことは無闇矢鱈と死なないで、挑戦を続けることです。

「なにかに挑戦をして、それが思い通りの結果につながる。そんなことはほとんどない。」

これは兵法から宗教、哲学まで、古今東西のあらゆる賢人が言っていることです。皆さんがこれから行うあらゆる投資も、失敗に終わるものがたくさんあります。しかし、それは決して悪いことでも、恥ずかしいことでもありません。

自分にはどんな挑戦、投資の選択肢がありえるのか？それを常に考え続け
てみてください。

おわりに

　この原稿を書き終えたのは２０１９年末のことです。そしてこのあとがきは、２０２０年３月に書いています。

　２０２０年、個人的にも、そして世界的にも大きな出来事がありました。

　まず個人的なこととして。２０２０年１月、実父が大きな病気をしました。実は、父も私と同じ税理士でした。というよりも、私が父の仕事をみて、同じ道を選びました。父が倒れた結果、この一ヶ月半ほど、不眠不休に近い勢いで仕事に励んできました。

　もし私が税理士という道を選んでいなければ、父が倒れた事態に対処することは無理でした。今回の緊急事態になって、はじめて親孝行ができたかな、と感じています。

　私の人生にも、職業についていくつかの選択肢はありました。その中で税理士を選んだのは、このときのためだったのかなぁ・・・と。

＊＊＊

　そして世界的なこととして。現在進行系でコロナウィルスに関する騒動が収束する気配をみせていません。この本を読んでくれている学生の皆さんも、学校行事をはじめ、様々な影響を受けたのではないかと思います。

　健康面だけでなく、経済面でも甚大な悪影響が生じています。例えば私のお客様でも、イベント業や飲食業の方はとても苦しい状況に追い込まれています。また建設業や製造業でも、部品の調達などに影響が出てきています。

この本を皆さんが読んでいるころには、事態が落ち着いていることを願わずにはいられません。

　今回の騒動を通じて「満員電車で学校や会社に通う」というあり方について、疑問が提示されました。今後、オンライン学習やテレワーク、あるいは遠隔医療といった分野は、より注目されていくことでしょう。ＡＲやＶＲといった技術の活用、物流の再構築、緊急事態が起こったときの広報対応など、様々な分野に関する社会全体での投資が必要不可欠です。

　また、物を中心とした社会構造から、より「からだとこころ」が注目される方向にシフトすることも予想されます。困難な状態に直面しても、あきらめず、時には待ち、場合によってはあがき、必ず生き残る。そのために必要な、しなやかで強い「からだ」と「こころ」を育む。これも本書でお伝えしたい、大切なことの一つです。

＊＊＊

　ときに現実は、我々の想像を遥かに超えて変動します。すべてを予想することはできません。

　だからこそ、どのような事態になっても生き残れるよう、お金、働き方、技術、能力、考え方など、「色々なもの」を構築する必要があります。

　うまくいっているときこそ、油断をしない。危機に直面したときこそ、自分の持ち物を再確認し、冷静さと合理性を発揮し、ゆとりやユーモアを失わない。

　世界中が良くも悪くもつながってきた現代にあって、評価軸はたやすく入れ替わります。これまで成功とされてきた生き方や考え方が、ある日突然、根底からひっくり返される。そういうパラダイムシフトが起こる確率

は、年々高まっているように感じられます。

　この本は、基本的に学生の皆さんに読んで頂くことを前提に書いています。これから自分の人生を切り拓く皆さんが、より多様な価値観や考え方に接し、色々な投資の可能性を見出してくれれば。それが書き出したきっかけでした。

　「若さ」というと色々な印象がありますが、その最たる例は挑戦ではないでしょうか。
　挑戦し、失敗し、学び、投資を続けること。
　これがこの本で伝えたい、もっとも大切なことです。
　ひょっとすると、この社会は老成しているようで、まだまだ若いのかもしれません。そう考えると、２０２０年３月の喧騒も、社会の若さがなせる試行錯誤なのかも、とふと感じます。

　今回の騒動で、多くの人が現在進行系で傷ついています。その損失は、笑って済ませられるほど簡単なものではありません。だからこそ、そこから何を学び、どのように社会を変革していくのかを、真剣に議論しなければなりません。

　それゆえ、すでに若さを失った大人たちも、のんびりとはしていられません。いつの時代も、大人は若者を迫害します。平安時代にも、古代ギリシャにも「最近の若者は・・・」という文言が登場するそうです。

　大人が率先して色々な投資を続け、変化を受け入れること。そしてその後ろ姿を若者にみてもらうこと。いまこそ、それが求められているのではないか、と日々感じています。

　ちなみに、より現実的な話として。私は三人の子どもがいます。・・・学費って、大変ですね・・・。あらためて事業と生活のバランスを取り、仕事の

継続性を保ち、教育を含めた必要な投資をしていくことの重要性を、嫌と
いうほど痛感しています。

＊＊＊

　そして投資について真剣に考えれば考えるほど、人間がひとりでできる
ことは、本当に少ないことがわかってきます。

　父が倒れ、私が本当に苦しい状態になったとき、同業者の方々、事務所
で働いてくれている事務員さん、趣味を通じた友達、そして家族が私を助
けてくれました。

　震災のときにも、今回のコロナウィルスでも、誰かが誰かを助けている、
という話が出てきました。いまも世界中で、治療の現場、日用品や食料の
生産、インフラの整備まで、多くの人々が必死に社会を支えています。

＊＊＊

　私が尊敬する、ある人が言っていました。

「何をやるかよりも、誰とやるかの方がよっぽど大切だ」
「誰かを助けられることは、本当に幸せなことだ」

　２０２０年の年明けから今日まで、ずっとこのことを考え続けています。

　自分の限られた「色々なもの」をみつめ、投資を行い、成果を得る。そ
して他の誰かと手を取り合い、もっと大きな流れを生み出す。

　この社会は、誰かがそうやって投資を続け、育んできました。本書を読
んでくれた皆さんが、その流れを後押ししてくれるようになってくれたら、

本当に嬉しいです。

＊＊＊

　投資という固くて難しい話題について、少しでも親しみを感じてもらいたくて、この本を書きました。その試みが少しでも上手くいったとすれば、挿絵を描いてくださった竹永絵里さんのお力に寄るものです。

　皆さんの周囲にある物や事。それらのものと「誰かが行った投資」のつながりを感じて頂くために、竹永さんの絵から大きな力を頂きました。ちなみに竹永さんとの出会いは、とあるアカペライベントです。

　縁は異なもの味なもの。本書との出会いが、皆さんにとって何かしらの良いご縁となってくれれば、それに勝る喜びはありません。

▶著者プロフィール

髙橋昌也

1978 年生まれ。東京地方税理士会川崎北支部所属（2020 年現在）。
2007 年、髙橋昌也税理士事務所を開業。「小さなお仕事の手伝い」を目標
に掲げ、中小法人や個人事業の顧問業務に特化。税務支援にとどまらず、
経営計画の策定や金融機関との交渉など幅広い分野の業務を行う。
おなじく 2007 年に AFP 資格取得。個人資産形成や保険を中心としたリス
ク管理など、顧客の私生活面まで含めた総合的な支援体制を構築。
ラジオ番組で 10 年以上に渡りコメンテータを担当。また学校での職業体
験講座で講師を担当。税金や経営、私生活、これからのキャリア形成など
難しい話題をわかりやすく解説すると高い評価を得る。
趣味は高校時代から続ける合唱。近年はアカペラバンドやジャズコーラス
にも取り組む。また 30 歳を超えてから武術や舞台表現にも挑戦。日本の
民族芸能である立廻剣術では、老若男女、国籍を問わない交流の場を構築。
これらの趣味を通じて、市民活動の企画や広報にも関与。特に広報ではイ
ベント紹介によるテレビ・ラジオ出演や行政長への表敬訪問など実績多数。
2020 年以降はオンラインイベントの企画実施など担当。
2020 年 1 月、株式会社ノンバーバル設立。教育から企業研修まで対応可能
な、文化芸能を通じた「人と人とのやりとり」の場を創設すべく活動中。
私生活では三児（全員男）の父親。

高校生からはじめる投資のはなし

2020 年 11 月 17 日　第 1 刷発行

著　者　　髙橋昌也

発行者　　日本橋出版

　　　　　〒 103-0023　東京都中央区日本橋本町 2-3-15　共同ビル新本町 5 階

　　　　　電話：03-6273-2638

　　　　　URL：https://nihonbashi-pub.co.jp/

発売元　　星雲社（共同出版社・流通責任出版社）

　　　　　〒 102-0005　東京都文京区水道 1-3-30

　　　　　電話：03-3868-3275

ⓒ Masaya Takahashi Printed in Japan

ISBN978-4-434-28001-6　C0033